Allgäuer Bergführer erzählen

Allgäuer Bergführer erzählen.

...aufgeschrieben von Klaus Schlösser.

...mit Zeichnungen von Hans Mücksch.

Oberstdorfer Alpenverlag

Gestaltung:
Hans Noeth, Oberstdorf
Fotos: Privatarchive
Gesamtherstellung:
Gerstmayer, Offsetdruck
Ravensburg

ISBN 3-926716-03-7

Inhalt

Bergführer ist ein schöner Beruf,

zu dem einer im wahrsten Sinne des Wortes berufen sein muß. Dies setzt voraus, daß man die körperliche und geistige Fähigkeit mitbringt.

Als die Engländer Mitte des vorigen Jahrhunderts die ersten Touristen in den Alpen waren und die Berge als „playground" bezeichneten, gab es natürlich noch keine Bergführer. Die Gäste engagierten Schmuggler oder Wildschützen, denn die kannten alle Wege und Pfade, und man bekam bei ihnen immer zu essen. Erst als sich der Deutsch-Österreichische Alpenverein im Jahr 1862 des Bergführerwesens annahm, bildete er die geeigneten Männer dafür aus. Diese Bergführer waren mit einigen Ausnahmen immer nur auf ihre Hausberge fixiert. Es gab aber bereits Bergführer, meist Schweizer, die mit ihren Herren auch außereuropäische Berge bestiegen.

Zumeist waren es damals Erstbegehungen, wobei nicht die Führer, sondern nur die Herren genannt wurden. Dies änderte sich jedoch sehr bald, denn die Bergführer entwickelten sich auch zu Bergsteigern und unternahmen namhafte Touren.

Im Jahr 1968 wurde der „Verband Deutscher Berg- und Skiführer" gegründet. Seit Bestehen dieses Berufsverbands erhielten die Bergführer die staatliche Anerkennung.

Der Bergführer führt seinen Gast nicht nur sicher in den Bergen, sondern meist bildet sich zwischen beiden ein kameradschaftliches Verhältnis. Er wird immer versuchen, seinen Touristen auch für die Belange der Natur zu interessieren, ihm aus der alpinen Geschichte erzählen. Das kann mehr Wert sein, als das Erreichen des Gipfels, denn dadurch wird die Führungstour interessant und vermittelt nachhaltige Freude.

Über ihre vielfältigen Erlebnisse berichten Allgäuer Bergführer in vorliegendem Buch.

Oberstdorf, im Mai 1989 — Anderl Heckmair sen.

Bußjäger ______ **Nein, danke!**

Wer als Bergführer sein Brot verdient, muß das Gebirge schon sakrisch gern mögen. Selbst wenn ich in einer Woche fünfmal hintereinander Gäste zum Gimpel mitnehme, wird es mir dabei nie langweilig. Irgendwie sind die Berge immer anders – und vor allem reizvoll. Deshalb gehe ich auch noch gern privat auf Tour. Aber wenn ich dann mal allein unterwegs bin oder zusammen mit einem guten Bergkameraden, läßt mich der Beruf dennoch nicht los. Schließlich ist man ja mit Leib und Seele dabei.

An zwei Beispiele kann ich mich erinnern, die zeigen, daß die Verzahnung von geschäftlichen und privaten Interessen, die Seilschaft zwischen Beruf und Hobby, manchmal angenehm, manchmal aber auch recht ärgerlich sein kann. Beide Geschichten spielen an der Trettachspitze.

Es ist schon etliche Jahre her, als das Waltenberger

Haus in 2083 Meter Meereshöhe noch nicht mit dem Hubschrauber versorgt wurde. Da habe ich für den Hüttenwirt als Träger geschafft. Morgens um fünf bin ich mit dem Fahrrad los. Zweimal habe ich dann gut einen Zentner Proviant zur Hütte hochgetragen. Mittags war ich fertig.

An einem Samstag habe ich gleich dreimal getragen und bin dann droben geblieben, weil ich am nächsten Tag mit meinem Spezl Gerhard Fricke, der jetzt Verkehrsamtsleiter in Nesselwang ist, eine Tour machen wollte.

Am Abend so um siebene sind wir miteinander beim Schwarz Kaspar in der Küche gesessen und haben einen Schoppen Wein getrunken. Da kommt auf einmal dem Kaspar seine Frau ganz aufgeregt und sagt: „Da fehlt noch das Ehepaar aus Memmingen. Du weißt schon, der wo Asthma hat. Die sind zur Trettach und noch nicht zurück."

Da haben wir uns zuerst noch nichts gedacht und sogar noch einen Scherz gemacht: „Dem wird halt die Luft ausgegangen sein." Aber als Frau Schwarz so nach neun Uhr nochmals kam und meinte, da müsse was passiert sein, da sind wir halt doch aufgebrochen, um nachzuschauen – der Kaspar, der Gerhard, und aus der Stube haben noch zwei junge Leute sich bereit erklärt, mitzuhelfen.

Mit Fackeln, Taschenlampen und Seilen sind wir zum Einstieg gelaufen. Da haben wir gesucht, geschrien und geschaut, aber keine Spur gefunden. Jedesmal, wenn ich einen Schrei losgelassen habe, hat am Ein-

ödsberg irgendwas geklingelt. Es hat eine ganze Weile gedauert, bis sich dann herausgestellt hat: Das waren bloß Schafe, die da droben den Sommer über weiden. Dann sind wir zum Einstieg am Westgrat gegangen und haben dort gesucht und geschrien. Aber da war noch nicht einmal ein Rucksack oder sonst ein Zeichen von dem Ehepaar. Als auch an der Nordwand nichts zu finden war, habe ich gesagt: „Jetzt laß ich noch einen Schrei, wenn sich dann nichts tut, müssen wir halt glauben, die sind sonst irgendwie runter." Immerhin hat es mir da inzwischen schon pressiert. Denn das Wetter schlug um. Es herrschte Föhnsturm und die Sterne haben so geflunkert. Ich war sicher, daß es noch in der Nacht Schnee geben würde.

Tatsächlich – bei meinem letzten Schrei hat er sich gerührt, der Memminger. Der hat uns schon lange gehört. Die Verständigung war so gut, als wenn wir auf der anderen Straßenseite gestanden wären. Von oben aus der Dunkelheit haben wir gehört: „Wir sitzen im Blodigkessel, sind unverletzt und kommen morgen früh."

Da hat der Kaspar gesagt: „Da gibts nix. Wir müssen rauf, die holen." Und auch ich war der Meinung: „Wenn es die Nacht noch schneit, verrecken die elendiglich. Nachher heißt's dann, wir sind schuld, wir hätten es wissen müssen."

Obwohl die beiden nicht um Hilfe gerufen hatten, sind wir rauf, die Taschenlampen im Mund. Stirnlampen haben wir damals noch nicht gekannt. Im Blodigkessel sind sie dann gehockt, so eine Seil-

länge unter dem Gipfel, in kurzem Hemd. Schon allein von dem Wind wären die zwei am anderen Morgen halb erfroren gewesen.

Da hat halt jeder einen genommen und dann sind wir runter. Die Frau hat gut laufen können. Aber er war schlecht beinander, halt wegen dem Asthma. Unterwegs zur Hütte habe ich immer gesagt, wir müssen uns beeilen, das Wetter schlägt um. Kurz vor dem Waltenberger Haus, nachts um 1.30 Uhr hat das Regnen angefangen – was runtergegangen ist. Drinnen hat er zu uns gesagt, das sei zwar ganz nett gewesen von uns, aber er hätte schließlich nicht um Hilfe gerufen. „Geh' ins Bett und laß uns in Ruh", habe ich geantwortet.

Ich war so ärgerlich, daß mir die Geschichte keine Ruhe gelassen hat. Am nächsten Morgen lagen tatsächlich so rund 15 Zentimeter Neuschnee. Als die zwei Memminger dann aufgestanden sind, sagte er zu mir, er möchte sich zwar bedanken, aber sie hätten es schon auch alleine geschafft. Da habe ich ihm vorgehalten: „Wenn man bei der Trettachüberschreitung schon zwölf Stunden braucht bis zum Gipfel, dann möchte ich grad wetten, daß Sie bei dem Schnee und der Vereisung nicht fähig gewesen wären, da runter zu gehen." Da war ich echt schokkiert, daß einer so blöd daherreden kann. Auf solchen Dank kann ich gern verzichten.

***D**ie andere Geschichte ist ähnlich, aber auch wieder ganz anders. Es war wieder auf dem Waltenberger Haus. Am Morgen hatte ich dreimal getragen,* *jedesmal gut einen Zentner Lebensmittel. Am Nachmittag wollte ich ausruhen, weil ich am nächsten Tag privat eine anspruchsvolle Kletterei vorhatte. Und ein paar Stunden Erholung braucht der Körper.*

Da kommt ein Mann mit seiner Freundin zu mir und sagt: „Sie sind doch Bergführer. Könnten Sie uns auf die Trettach führen?" Er wollte dabei filmen. Da habe ich den Kopf geschüttel: „Zum Filmen braucht man Zeit, und die habe ich nicht." Ich habe ihm vorgeschlagen, wir könnten die Tour ein andermal machen. Der Berg bleibt ja noch länger stehen. Aber der Mann hat richtig gebettelt. Er sei jetzt 58 oder 59 Jahre alt und er wüßte nicht, wie lange er noch Bergtouren machen kann. Er hat halt keine Ruhe gegeben.

Nach einer Weile habe ich dann gesagt: „Also gut." Aber ich habe eine Bedingung gestellt: Wenn wir nicht in einer Stunde von der Hütte am Einstieg sind, kehren wir um.

Tatsächlich waren wir dann in einer Stunde am Einstieg. Das war schon eine Leistung. Das hat mich motiviert: Also packten wir die Westwand. Dann sind wir in drei Stunden und fünf Minuten wieder auf der Hütte gewesen. Um vier Uhr weg und um sieben waren wir wieder am Waltenberger Haus. Das hat mich so gefreut, daß ich mich bedankt habe. Die zwei sind den Kompromiß eingegangen und haben aufs Filmen verzichtet, um mit einem Bergführer auf die Trettach zu gehen. Das hat mir fast mehr gefallen als die private Tour, die ich dann am nächsten Tag doch noch gemacht habe.

Nach einer Durchquerung in der Bernina-Gruppe bei herrlichstem Wetter traf ich am letzten Abend auf der Diavolezzo-Hütte zwei sehr bekannte Bergsteiger: Viktor Jakomelli aus dem Ötztal und Sigi Hupfauer, der mittlerweile mehrere Achttausender bestiegen hat und zig Siebentausender. Wir kannten uns von früher und freuten uns über das Wiedersehen nach so vielen Jahren. Also hockten wir uns auf der Hütte zusammen und stellten bald fest, daß wir alle drei mit unseren Gästen das gleiche Ziel zum Abschluß dieser Tour hatten, nämlich den Piz Palü auf dem Normalweg. Die Gäste waren recht munter und bei guter Kondition, so daß wir keine Probleme zu erwarten hatten. Auch das Wetter sollte stabil bleiben.

Gründe also genug, um am Abend gemütlich einen Schoppen Wein zu trinken. Wie es halt so ist, wenn man mal hockt: Man trinkt einen und dann noch einen. Um uns herum wurde es immer stiller, wir selbst immer fröhlicher.

Nach so vielen Jahren gab es natürlich viel zu erzählen. Sigi berichtete von seinen Erlebnissen im Himalaja. Viktor hatte lustige Sachen auf Lager, wie zum Beispiel den Vollzug der „Rotwein-Strafe", wenn ein Gast mal seine Ausrüstung irgendwo vergessen hatte und beim Einstieg in eine leichte Eistour phantasiereich improvisiert werden mußte. Beim Thema Rotwein kamen wir natürlich auch auf die Similaun-Hütte. Der Abstieg von dort ins Tal hat schon den festen Namen „Rotwein-Straße". Denn auf der Similaun-Hütte wird nach den Touren traditionsgemäß kräftig gebechert. Viele Gäste vertragen das nicht. Beim Abstieg dann sind ihre Spuren an den roten Markierungen im Schnee leicht auszumachen.

Es gab wirklich viel zu erzählen. Und als es dann um uns herum auf einmal wieder lauter wurde, merkten wir drei, daß es schon Zeit zum Frühstück war. Da saßen wir also zu dritt bei der siebten Flasche Wein. Grad lustig war's. Dementsprechend motiviert gingen wir mit unseren Gästen den Palü an. Für mich war es das erste mal, daß ich nach einer durchzechten Nacht auf Tour gehen wollte. Deshalb schaute ich wohl ein wenig komisch, jedenfalls beruhigte mich Sigi: „Das macht nichts. Jetzt hast du zum ersten mal das richtige Tempo drauf für deine Gäste."

Tatsächlich hatten wir dann einen ganz gemütlichen Weg vor uns, ohne technische Probleme. Auf dem Gipfel eröffnete sich ein herrliches Panorama, denn es war Föhn-Stimmung. Die Gäste hatten uns nicht angemerkt, daß wir ein wenig mitgenommen waren. So wurde aus einer Führungstour ein wunderschöner Spaziergang.

ROT

Groß geworden bin ich in Fischen. Die Schöllanger Burg war für uns Buben ein idealer Spielplatz. Da bauten wir Baumhütten und seilten uns zur Iller ab. Zu dieser Zeit haben wir manchmal in der Schule blau gemacht, um hinter der Hausmauer Kletterbücher zu lesen. Nach der Schule wurden die Routen dann gleich ausprobiert. Zwölf Jahre alt war ich, als wir eines Tages eine Alpenvereinskarte fanden. Da war ein „Großer Wilder" eingezeichnet. Der Name gefiel uns. Der eingezeichnete Weg war aber nicht zu finden. Deshalb sind wir auf den Höllhörnern gelandet.

Zwei Tage später haben wir nochmal gesucht und den richtigen Weg gefunden, mein Freund Sigi und ich. Wir sind einfach grad rauf, im vierten Schwierigkeitsgrad, ohne Seil. Oben haben wir Buben mit Steinen geworfen nach den Rot-Karierten, die unter uns aufstiegen. Peinlich für uns, daß zwei von diesen Ausflüglern den Gipfel schafften und uns erwischten. Das gab eine gehörige Abreibung. Und die hat gewirkt.

Fasziniert war ich eigentlich schon immer von Höhlen. Ich frage mich oft, was den Reiz dieser Höhlen ausmacht, warum es mich immer wieder in diese dreckigen Löcher zieht, wo kein Licht ist, keine Pflanzen, nur absolute Stille und das Rauschen des Wassers. Damals als Buben übte alles Geheimnisvolle, Unbekannte eine große Anziehungskraft auf uns aus.

Bei der Suche nach der Fallbachhöhle bei Tiefenbach stürzte ich eine Zwölf-Meter-Wand hinunter. Nur sehr langsam bekam ich wieder die Selbstsicherheit beim Klettern. Wir kauften uns Felshaken, Karabiner und ein 8 mm-Seil, um eine Wandhöhle zu bezwingen. Doch bald lernten wir, daß man die

Haken nicht in die glatte Wand schlagen kann so wie in einen Käse. Also nahm man ein Lehrbuch zur Hand. 1976 bei der Jugendgruppe des Alpenvereins hat man uns dann die Klettertechnik richtig beigebracht.

Als mein Freund Gerhard uns eines Tages von der Schneckenlochhöhle im Gottesackerplateau erzählte, einer der größten und verzweigtesten Höhlen des Allgäus, packten wir sofort unsere Fahrräder, Schlafsäcke und Taschenlampen zusammen. Unterwegs dachten wir an Gerhards Schilderungen von einem doppelten Rundgang, wo schon viele in die Irre gelaufen sein sollten, und von den Labyrinthen, wo man oft den Helm ausziehen muß, damit man weiterkommt.

Am großen Eingangsportal ließen wir alles zurück. Im T-Shirt und mit Stirnlampen hasteten wir in die Höhle. Bald verlor ich Sigi aus den Augen. Er ging einen anderen Gang weiter. Jetzt war ich völlig alleine, nur mit einer Stirnlampe „bewaffnet". Doch der Entdeckungsdrang war größer als die Angst. Ich hastete immer weiter, durch Schlupflöcher und über Wandstufen, bis ich nicht mehr weiterkam. Als ich stehenblieb, wurde mir plötzlich die absolute Stille bewußt – nur ein Rauschen in den Ohren. Ich machte das Licht aus. Jetzt gab es nichts mehr um mich herum. Kein Raum, kein Laut, nur meinen Atem. Das Zeitgefühl hatte ich völlig verloren. Waren es Minuten oder Stunden, seit wir uns aus den Augen verloren hatten?

Die Stille lastete auf den Nerven. Alles wirkte jetzt tot

und bedrohlich. Der Rückweg wurde zur Flucht. Nach sechs Stunden kam ich wieder ans Licht. Sigi wartete schon auf mich.

Inzwischen war ich schon zigmal in der Schneckenlochhöhle und in vielen anderen. Immer war das Erlebnis anders. Mit der Jugendgruppe der Sektion Oberstdorf war es eine Mordsgaudi, mit Versteckspiel und viel Gejohle. Auch heute noch steige ich gern hinab in die „Unterwelt".

Oft habe ich mir gesagt: „Nie wieder in so ein Drecksloch". So wie man oft nach einer gefährlichen Bergtour „nie wieder" sagt.

Doch das intensive Lebensgefühl, wenn man wieder draußen ist, das zieht einen immer wieder hinunter. Wenn du aus einer Höhle mit ihrer sterilen Umgebung herauskommst, dann merkst du erst, wie gut die Luft riecht, wie schön das Grün ist. Und du kannst geradeaus gehen, ohne mit dem Kopf gegen eine Wand zu knallen. Das Schöne dabei ist einfach, wieder an der Sonne zu sein und das ganze Leben um sich herum zu spüren. Vielleicht ist es ein Zeichen, daß wir im Leben sonst zuwenig empfinden, wenn wir zuerst in solche Grenzbereiche vorstoßen müssen. Wir müssen zuerst den Gegensatz erfahren, um wieder zufrieden zu sein – beim Höhlenforschen wie beim Bergsteigen.

So mancher lernt wohl, das Leben mehr zu schätzen und zu bewahren, wenn er nach vielen Stunden in der leblosen Unterwelt wieder ans Tageslicht kommt.

Freudig ________________________ **Blutnarret.**

Bergführer zu sein ist ein schöner Beruf. Man hat ständig draußen zu tun und immer mit Leuten, verschiedenen Leuten – und man hat große Verantwortung. Denn das Leben im Gebirge ist nicht ungefährlich. Selbst einen Profi kann es erwischen. Selbst erfahrenen Bergsteigern passiert mal was Unvorhergesehenes. Ich bin jetzt mehr als 15 Jahre bergsteigerisch tätig, davon über zehn Jahre ziemlich extrem unterwegs. Gerade vor kurzem ist mir was passiert, was völlig Überraschendes. Ich war an der Gehrenspitze im Tannheimer Tal unterwegs über den Westgrat und wollte über den Normalweg absteigen. Das ist eine Rinne, die mit Schnee bedeckt war. Mit meinen „Kletterboatsche" bin ich ziemlich bergab „geeiert", aber es ging.

Während des Abstiegs habe ich umdisponiert. Eigentlich wollte ich noch die Südostwand machen. Aber dann bin ich auf halber Strecke rechts aus der

Rinne raus, weil ich vorher noch die Westwand klettern wollte. Gerade war ich etwa 20 Meter von der Rinne weg, da „tut's an Riesenschepperer". Über mir brach ein Block von Schrankgröße heraus und zersplitterte in tausend Fetzen. Wenn ich nicht kurz zuvor zufällig umdisponiert hätte, wäre ich voll erwischt worden. Das ist Schicksal. Ich glaube, jeder Bergführer könnte zig Geschichten erzählen: Als beinahe mal was passiert wäre . . . Das muß nicht unbedingt auf einer extrem großen Tour sein.

Eine ganz eindrucksvolle Sache habe ich mal erlebt bei einer Skitour am Mönch im Berner Oberland. Das war 1984 im April. Es war herrliches Wetter, und es war sehr viel los. Viele Gruppen sind aufgestiegen. Mit meinen zwei Leuten war ich ziemlich weit vorn. Da ging es zunächst über steilen Fels hinauf und die letzten zwei Seillängen über eine Eisflanke bis zum Gipfelgrat. Einer meiner Gäste hatte eine eigenartige Ausrüstung dabei: Eisschrauben mit Überlänge. Normalerweise ist eine Eisschraube rund 30 Zentimeter lang, aber diese besonderen Dinger waren fast doppelt so lang. So ein langes Trumm hatte ich noch nie gesehen. Bei diesem Anblick mußte ich schon leicht lachen.

Wir waren gerade oben in der Eisflanke. Meinem Gast hatte ich gesagt, er solle die Eisschraube setzen zur Standsicherung. Das hat er auch gemacht. Ich bin weiter aufgestiegen. Von unten war ich ja gesichert. Obwohl das lange Ding erst halb drin war, hatte ich ihm zugerufen: „Das reicht so weit drinnen."

Ich stand dann oben am Gipfelgrat. Die übrigen Seilschaften kamen nach. Es gab ein Wirrwarr, weil die an uns vorbei wollten. Unter anderem auch eine Dreier-Seilschaft, die zwar untereinander verbunden, aber sonst nicht gesichert war. Plötzlich sah ich, wie der Seilerste ins Rutschen kam. Der ist abgerutscht und hat die anderen mitgerissen. Wie's der Teufel will, hat sich das Seil aber verfangen – und zwar genau an der Eisschraube, die so weit aus dem Schnee herausragte. Das hat der Seilschaft das Leben gerettet. Ohne unsere Monster-Schraube wären die drei Leute über die Wand am Mönch abgestürzt.

Im normalen Bergführer-Alltag gibt es aber auch manchmal andere Probleme. So kam es in früheren Jahren selten, aber doch manchmal zu Ereignissen, die nicht so liefen, wie man es gerne hätte. Ich erinnere mich an eine Fernwanderung von Oberstdorf nach Meran. Damals wirkten wir zwei Führer noch sehr jugendhaft und unerfahren. So mancher aus der Gruppe glaubte, mehr zu wissen als die Bergführer. Deshalb lief einiges schief.

Einer war dabei, der hat partout einen Knoblauch-Schnaps ausschenken müssen und vorher nicht erzählt, was das für ein Zeug war. Allmählich hat dann die ganze Gruppe nach Knoblauch gestunken, und alle stänkerten sich deshalb gegenseitig an. Dann war noch so ein Typ dabei, ein Reporter, der von der Bergschule aus zum halben Preis hat mitlaufen dürfen oder müssen. Er verstand es, die Gruppe zu beeinflussen. Unsere Anweisungen wurden mehr und mehr überhört. Zum Aufbruch hat man uns schließlich gar nicht mehr gefragt. Der Höhepunkt kam beim Aufstieg über den Gletscher zur Wildspitze.

Wir haben alle angeseilt, alle 24 Leute, die uns die Bergschule anvertraut hatte. Bei so vielen war der Abstand zwischen den einzelnen natürlich sehr kurz. Da hat sich der Reporter selbständig gemacht und sich mit einem alten Wäscheseil und einem undefinierbaren Knoten hinten an den letzten angebunden. Das war natürlich ein Risiko. Und weil er uns nicht einmal gefragt hatte, bin ich „blutnarret" geworden und habe ihn gehörig zusammengestaucht.

Das Resultat war nach dieser Woche: Es erschien ein Zeitungsartikel in einer Stuttgarter Zeitung. Zum Glück nicht im Allgäuer. Da sind wir ziemlich bloßgestellt worden – mit der Folge, daß ich nie wieder für diese Bergschule gearbeitet habe.

Auch so ein Fall ereignete sich am Mont Blanc. Da war ein Entwicklungshelfer aus Nigeria dabei, der hatte nichts anderes zu tun, als ständig zu fotografieren. Alle drei Minuten machte er Aufnahmen, alle fünf Minuten fragte er, was das für Berge sind in der Umgebung. Außerdem hat er wahnsinnig viel geredet. Das kann ich eigentlich nicht brauchen. Bei einer Konditionstour werde ich eher ruhig, weil ich mich anstrengen muß. Aber der Entwicklungshelfer hatte halt ständig die Klappe offen oder er fotografierte. Die Gruppe hat warten müssen. Das artete so aus, daß der Gipfelerfolg in Frage gestellt war. Ich habe ihn darauf aufmerksam gemacht, doch beim

Abstieg war wieder das gleiche Theater. Schließlich habe ich dem Herrn gehörig die Meinung gesagt, weil mir das Spiel auf die Nerven ging, und weil wir durch die Verzögerungen in Gefahr hätten geraten können, und weil die Stimmung in der übrigen Gruppe auch schon gelitten hatte. Mit einem solchen Herren wollte ich kein zweites Mal mehr unterwegs sein.

Meine anspruchsvollste Bergführerzeit habe ich erlebt als Guide in Kanada bei einem Helicopter-Ski-Unternehmen. Das ist wohl der Traum eines jeden Bergführers. Man braucht natürlich einiges an Voraussetzungen. Und vor allem sollte man sehr gut Englisch können. Ich habe Englisch an der Volkshochschule gelernt. Aber als ich nach Kanada kam, war alles ein bißchen anders als in der Schule. Dazu noch die Fachausdrücke, so daß ich in der ersten Zeit gar nichts verstanden habe.

Zuerst waren wir ein paar Tage allein auf der Lodge (Hütte) und studierten ein neues Gebiet. Als dann die ersten Gäste kamen, war ich total nervös. Auch den Umgang mit dem Hubschrauber war ich nicht gewöhnt. Abends mußte man als Guide noch Abrechnungen über die gefahrenen Höhenmeter machen, VS-Geräte warten und die Gäste beim Abendessen bedienen.

Außerdem sollte man sich die ganzen Namen merken. Für die vier Guides kamen pro Woche 44 Personen. Die sollte man alle mit Namen anreden können. Das waren Leute aus der ganzen Welt, meistens Amerikaner, aber auch Europäer, Australier, Neuseeländer – vornehmlich ziemlich reiche mit unmöglichen Namen.

In der ersten Woche sind Leute gekommen, die alle Stammgäste waren bei der Firma, für die ich arbeitete. Die hatten eigentlich weit mehr Erfahrung mit Heliskiing als ich.

Es ist dort eine schwere Aufgabe als Führer. Die Abfahrten sieht man aus der Luft, wenn der Hubschrauber hochfliegt. Man versucht, sich das Gelände einzuprägen. Aber die Steilheit läßt sich im Flug nicht abschätzen. Wenn man oben aussteigt, bei Nebel und Wind, ist eine Orientierung kaum möglich. Da braucht man einen Kompaß. Unser Gebiet war so groß wie Ötztaler, Stubaier und Zillertaler Alpen zusammen. Ich war vollauf beschäftigt mit meiner Gruppe. Ja, eigentlich war ich am ersten Tag sogar total überfordert.

Zu allem hat sich noch ein Gast den Oberschenkel gezerrt und konnte nicht mehr mit. Der mußte schließlich im Heli bleiben und den ganzen Tag fliegen. Es war ein Wahnsinns-Durcheinander. Und auf Amerikanisch-Kauderwelsch-Englisch habe ich nicht alles mitbekommen.

So kam es dann, daß wir mit der ganzen Gruppe ausgesetzt wurden auf einem Joch. Ich bin ein Stück weggefahren vom Landeplatz und habe meine Gruppe durchgezählt: acht, neun, zehn, elf, alles ok. Ich bin losgefahren und habe mich auf die Abfahrt konzentriert. Abends in der Lodge kam einer zu mir und fragte nach seinem Freund. Den könne er nirgends finden. Später fragte er dann nochmals, und es stellte sich heraus, daß sich oben am Joch ein anderer Mann zu meiner Gruppe gesellt hatte. Und trotzdem waren wir elf. Also mußte der Pilot einen bei der Landung zurückgelassen haben. Jetzt stand der Mann 30 oder 40 Kilometer von der Lodge entfernt auf einem Paß in 3500 Meter Höhe, wo er einfach vergessen worden war. Dort wartete er und wartete. Nirgendwo eine Menschenseele in dem riesigen Gebiet.

Als der Pilot das hörte, sprang er sofort auf und rannte zu seinem Helicopter. Wir wußten zuerst nicht genau, wo wir den Mann vergessen hatten. Dann näherte sich der Hubschrauber dem Paß. Und tatsächlich in 3500 Meter Höhe stand der Mann einsam und allein da und wußte nichts anderes zu tun, als „HELP" und den Namen des Unternehmers mit den Füßen in den Schnee zu stapfen.

Aber insgesamt gab es durchwegs positive Erlebnisse. Es waren immer besondere Größen da, im wahrsten Sinne des Wortes. Da war das Bogner-Team und John Ives, der Hauptdarsteller im Film „Feuer und Eis". Die größten Farmer gehörten dazu, Leute, die mit dem eigenen Flugzeug anreisten. Einem gehörte gleich eine ganze Insel von Hawaii. Zum Beispiel war auch mal Bernhard Russi da. Und wenn solche Leute dann skigeil sind und die Sau rauslassen, dann ist man als Guide, der zudem noch den schweren Rucksack mit Ausrüstung dabei hat, ganz schön angestrengt, um das mal vorsichtig auszudrücken.

Meine Frau und meine engsten Freunde kennen die Geschichte schon. Und jetzt ist's grad wurscht. Denn einmal verwischt's jeden.

15 Jahre war ich alt und wollte unbedingt zur Bergwacht. Mit dem Alter habe ich schwindeln müssen, denn eigentlich nehmen die einen erst ab 16. Zu der Zeit habe ich schon ganz gut skifahren können. Als ich dann wirklich 16 war, haben sie mich mitgenommen zu einem internationalen Bergwacht-Rennen in der Tschechoslowakei, in der Hohen Tatra. Das Rennen hat Tradition. Aus allen möglichen Ländern sind gute Skifahrer dabei, sogar ausrangierte Nationalläufer. Mit dem Akja muß ein Team durch die Stangen fahren. Und dann gibt es einen Hochgebirgs-Abfahrtslauf. Sieben Minuten habe ich gebraucht und ganz schön breite Oberschenkel gekriegt. „I bi ra' breatterret üf Gedeih und Verderb" und wie's der Teufel will, war ich auf einmal der Sieger.

Dann ging's feiern los. Da drüben trinken Männer den Schnaps aus Wassergläsern. Das hat mich mit meinen 16 Jahren schon geschlaucht. Die Tschechen sind beleidigt, wenn man nicht mittrinkt. Dann haben sie mir „so an Hafe" in die Hand gedrückt. Das war der Siegerpokal. 100 Mark Taschengeld hatte ich dabei. Als Sportler waren wir vom Zwangsumtausch befreit. Deshalb waren da drüben die 100 Mark ein Haufen Geld. Da konnte man wirklich die Sau rauslassen. Den Siegerpokal hat man dann ein paar mal gefüllt und kräftig gefeiert.

Als sich die Siegerehrung langsam dem Ende zuneigte, haben mich die Organisatoren beiseite gezogen hinter den Empfangstresen des Hotels. Zuerst haben wir da noch einen getrunken. Dann haben mir die Tschechen gezeigt, was ich als Sieger außerdem noch gewonnen hatte. Der „Zusatzpreis" stand schon in einer Ecke bereit. Der „Wanderpokal" war ungefähr 35 Jahre alt und hatte blonde Haare. Was dann passierte, ist üblicherweise im Playboy nachzulesen. Jedenfalls habe ich später nur den „Hafe" mit nach Hause genommen. Der Wanderpokal blieb drüben.

Einen „krönenden Abschluß" habe ich auch schon mal ganz anders erlebt. Mit meinem Freund Sigi war ich im Tannheimer Tal, um für das Tourenbuch Sechser-Touren zu sammeln. Wir gingen einige der gängigen Routen, vier oder fünf gleich hintereinander. An diesem Tag hatten wir zwei nagelneue, sündhaft teure 9-mm-Seile dabei. Wir waren mächtig stolz, nicht nur weil wir unterwegs immer wieder andere Seilschaften überholen konnten. Bei der letzten Tour seilten wir uns ab und zogen das Seil raus. Auf einem Felsvorsprung hockten wir uns hin und schauten noch ein wenig die herrliche Gegend an. Dann stiegen wir ab und fuhren heim. Erst eine Woche später bemerkte ich, daß ich dort oben die

Extra
Preis

beiden Seile liegengelassen hatte. Ich bin manchmal eben ein schlampiger Hund. Meinen Rucksack packe ich erst aus, wenn ich ihn für die nächste Tour brauche. Das mit den Seilen ging dann wie ein Lauffeuer durchs Tannheimer Tal. Klar, daß uns viele ausgelacht haben.

U*nd es gibt noch eine Geschichte von einer Krönung zum Abschluß. Das war bei der „Raid Blanc", einer Tourenwoche gegen die Uhr. Die verrückte Idee dazu kam von den Organisatoren der Rallye Paris-Dakkar. Der Motorradfahrer Richard Schalber aus Hindelang ist dabei mal angesprochen worden: „Du kannst doch skifahren?". Dann hat man ihm so einen Schrieb mitgegeben mit den Einzelheiten.*

Irgendwie kam die Ausschreibung zu uns nach Oberstdorf. Im Dorf hat man rumgefragt, wer mitmachen will. Fünf Leute mußten es sein, alle aus dem gleichen Ort: Ein Bergführer, ein Skilehrer, ein Reporter, ein VIP und ein Geschäftsmann. Manfred Schlicke war unser Skilehrer, der ehemalige Rennläufer Franz Vogler unser VIP, Peter Kaiser der Reporter, Hannes Högerle, der später mit seinem Gleitschirm am Hohen Licht tödlich verunglückte, war dabei und ich als Bergführer.

Vor dem Rennen haben wir wie wild organisiert. Wir fuhren zur ISPO nach München und baten einige Firmen um Ski und Anzüge. Von Mercedes haben wir sogar einen Transporter bekommen. In Les Arcs, dem Ausgangspunkt und Ziel der Rallye, fand das übliche Briefing statt. Das war ein tierischer Papier-

krieg mit Ausweisen und Versicherungen.

Am nächsten Tag ging es los. Abfahrt von der Aiguille Rouge. Null Sicht. Die Strecke war mit kleinen Fähnchen gekennzeichnet. Ohne Rücksicht auf Verluste sind wir einfach „na' brennt". Am Ziel gab es eine Brotzeit. So was habe ich in meinem Leben noch nie gesehen. Das war ein gigantisches Buffet. Da standen gewiß 50 Köche herum. Alles gut französisch. Die große Schrift „Raid Blanc" bestand aus Kaviar. Man kann schon sagen: „Da händ's g'saut".

Bei den nächsten Etappen in Chamonix und Zermatt fuhren wir wilde Sachen. Es stellte sich heraus, daß wir die Schnellsten waren. Jean Marc Bovent mit seinem Team wäre eigentlich besser gewesen, aber die hatten einen schlechten Reporter dabei. Die haben halt einen Journalisten gesucht, der Skifahren kann. Wir hatten einen guten Skifahrer, der sich irgendwie einen Presseausweis besorgt hat. Unsere Organisation war eben die bessere, die fand nämlich auch im Hinterkopf statt.

Als wir dann am Ende schließlich unten waren als Sieger, wurde natürlich ordentlich gefeiert. Wir sind in ein Lokal rein und haben eigenmächtig Torten aus dem Regal geholt. Mit Suppenlöffeln haben wir dann erst mal richtig reingehauen. Aber bevor alles eigentlich losging, kam der Ober „hasenwild" daher. Mit dem Essen hatten wir noch gar nicht angefangen, als wir schon zahlen mußten. Die werden sich auch gedacht haben: die Deutschen. Dabei haben uns die Torten eben nur besser geschmeckt als der Kaviar.

Wer als Bergführer viele Jahre und Jahrzehnte lang mit Gästen ins Gebirge geht, kann sich nicht alle Namen und Gesichter merken. Aber viele Ereignisse graben sich im Gedächtnis ein, wie zum Beispiel eine Führung auf die Höfats. In der Nacht zuvor war gemeldet worden, daß sich ein Wanderer in den berüchtigten Seewänden bei Oberstdorf verstiegen habe.

Mit meinem Kollegen Kaspar Schwarz bin ich deshalb am morgen um 4 Uhr bei Dämmerung und strömendem Regen ins Oytal geradelt. Meinem Klienten habe ich Bescheid gesagt, er solle gegen 6 Uhr zum Oytalhaus kommen. Von dort aus ginge es dann zur Höfats.

Als der Schwarz Kaspar und ich nach der Bergung aus den Seewänden hinabkamen, waren wir schon pitschnaß. „Hoffentlich kommt der nicht", dachte ich bei mir, aber da stand er schon mein Gast. Geregnet hat es immer noch, und durchnäßt war ich schon.

So war es mir schließlich egal. Wir gingen also hinauf zur Käseralpe. Die Hütte war damals noch nicht ausgebaut, sondern halt einfach ein Stall. Und da standen zu der frühen Morgenstunde schon eine Menge Leute herum, die Schutz vor dem Regen suchten. Alle waren sie triefend naß. „Jetzt wird mein Gast wohl einsehen, daß es heute nicht geht", dachte ich bei mir. Er aber wollte unbedingt weiter: „Ich bin doch nicht aus Schokolade." Wir setzten die Tour fort.

Unterhalb des Älplesattels stand ein Hirt auf seinen Stock gelehnt. Die Schafe lagen im Gras. Der Hirt stand da wie ein Denkmal, keinen Mucks.

Wie aus Eimern schüttete es vom Himmel, aber wir

stiegen unbeirrt den Ostgrat hinauf. Kurz unter den Gipfeln fiel dem Gast plötzlich ein: „So, jetzt reicht's mir. Ich will umkehren." Aber da wollte ich nicht mehr umkehren: „Jetzt schaffen wir die letzten 100 Meter zum Gipfel auch noch."

Oben beim Kreuz rissen die Wolken für einen Moment auf. Nicht, daß der Regen aufgehört oder sich der Nebel verzogen hätte. Es war einfach nur ein kurzer Moment, wie ein Augenzwinkern des Himmels. Bis hinunter zum Christlessee konnte man sehen.

In aller Vorsicht ging es schließlich wieder abwärts, denn die Höfats ist gefährlich, wenn das Gras naß ist. Unten am Älpelesattel stand der Hirt immer noch da wie ein Denkmal. Der hatte sich in den zwei, drei Stunden keinen Zentimeter gerührt.

Einen anderen Gast sollte ich über den Heilbronner Weg führen. Der gute Mann war Arzt. Als wir auf dem Weg zur Kemptner Hütte an der Mädelegabel vorbeigekommen sind, habe ich trotz des schlechten Wetters oben irgend etwas gesehen, was da nicht hinpaßte. Es war eine Decke. Aber was tut eine Decke da oben? Ich stieg auf. Unter der Decke saß engumschlungen ein junges Pärchen, das vermutlich schon acht Tage zuvor vom Schnee überrascht worden war und völlig erschöpft unter der Decke Schutz gesucht hatte. Der Arzt wurde bei diesem Anblick ganz blaß. „Sie müssen doch schon öfter Tote gesehen haben", wunderte ich mich. „Aber nicht in der Natur", erwiderte er.

Meine Bergführer-Prüfung fand 1933 in Innsbruck statt. Damals benötigten Deutsche eine Genehmigung, um nach Österreich zu reisen. Der Prüfung wegen bekam ich die Erlaubnis, aber dann hängte ich noch einen Tag dran. Ich wollte nämlich eine Tour im Wilden Kaiser unternehmen. Also bin ich zur Gaudeamus-Hütte hinauf und traf dort einen Kameraden, mit dem ich die Leuchsturm-Westwand erklettern wollte. Die Tour war nicht extra schwierig, aber immerhin schwierig genug, zumal es an diesem Tag schneite. Beim Aufstieg zum vereisten Kopftörlgrat ist der Schneefall immer schlimmer geworden.

Wir hatten Kletterschuhe an mit sogenannten „Manchon-Sohlen". Obwohl das Gelände unter der „Kapuze" normalerweise leicht ist, mußte ich mit dem Kletterhammer Tritte schlagen, denn der Schnee wehte im Sturm bergauf und die Felsen waren vereist.

Im kleinen Kamin zum Gipfel hat mein Kamerad schier durchgedreht. Da fiel mir eine Begebenheit ein, die einige Zeit zuvor am Dachstein passiert war.

Fünf Bergsteiger waren es, die im Sturm die Nerven verloren hatten. Einer nach dem anderen ist damals in die Tiefe gesprungen, bis auf einen, der später gerettet wurde. Auch mein Kamerad war offensichtlich so weit, daß er runterspringen wollte. Er halte es einfach nicht mehr aus. Und er war auch nicht mehr ansprechbar.

Also habe ich einen Haken geschlagen, meinem

Kameraden die Hände auf dem Rücken gefesselt und ihn am Haken angebunden. „Daß der mir bloß keine Dummheiten macht", dachte ich mir. Ich kletterte dann hinauf, habe oben wieder einen Haken geschlagen, mich abgeseilt, meinen Kameraden losgebunden und ihn dann nachgeholt nach oben.

Am Gipfel stürmte es noch wütender. Den Abstieg wußte ich nicht so genau. Aber mein Kamerad – inzwischen wieder zu sich gekommen – kannte den Abstieg genau. Er hat mich dann hinunter geführt.

Das war für mich ein Schlüsselerlebnis. Denn später geriet ich noch oft in Wetterstürze, und da wußte ich: „Es ist noch lange nicht aus. Man muß sich nur genügend konzentrieren. Dann geht's."

Fünf Jahre später am Eiger gerieten wir am letzten Tag auch in ein Unwetter. Das hat mich sogar gefreut. Bei schönem Wetter hätte vielleicht mancher gesagt: „Die haben einfach Glück gehabt." So aber sind wir auch bei schlechtem Wetter gut hinaufgekommen.

Noch schlimmer war es 1951 am Walker-Pfeiler an den Grandes Jorasses, zu dem wir fünf Tage benötigten. Damals waren wir so überheblich, daß wir meinten, den Pfeiler an einem Tag zu schaffen. Aber da war noch so viel Schnee und Eis drin, daß wir dauernd die Kletterschuhe wechseln mußten mit den Bergschuhen. Dabei vertrödelten wir viel Zeit. Als wir dann in die Zone der „Grauen Platten" kamen, ist es dämmrig geworden. Die Stunden zuvor waren ver-

flogen wie Minuten. An hinsitzen und brotzeitmachen haben wir nicht einmal gedacht. Plötzlich war es neun Uhr abends. Wir hatten nur eine Seilschlinge dabei, die an einem Haken festgebunden wurde. So „überstanden" wir die Nacht im wahrsten Sinne des Wortes.

Am nächsten Tag hörte es sich unter dem Biwaksack an, als würden wir mit Erbsen beworfen. Es waren Graupelschauer. Aber trotzdem ging es weiter. Im oberen Drittel gibt es ein „Schneedreieck". Da zog in das schlechte Wetter noch ein Gewitter herein, und es tobte infernalisch.

Am Eiger kommen die Lawinen aus dem Gipfeleisfeld schubweise in gleichen Intervallen. Dagegen am Walker-Pfeiler rieselt der Schnee ständig. Bei dieser Seillänge hatte ich zehn Meter über dem Stand des sichernden Kameraden einen Haken senkrecht zur Wand in eine Spalte geschlagen. Das war mein Glück. Jetzt fand ich unter einem Köpferl an einer Eisschwarte einen Griff zwischen Eis und Fels. Eine kleine Staublawine traf mich plötzlich an der Brust. Ich hätte sie schon ausgehalten, aber nicht so die Schwarte. Sie brach ab und ich stürzte 80 Meter tief – eine volle Seillänge. Dabei riß es meinen Kameraden zum Haken empor. Dadurch entstand eine dynamische Sicherung, sonst hätte ich mir alle Rippen gebrochen.

In meinem Schock habe ich mich dann frei hinauf gehangelt. Wo man in einer solchen Situation die Kräfte herbringt, weiß niemand. Oben am Stand habe ich erst mal die Hosen runtergelassen und waagrecht hinausgeschissen. Da mußten wir beide grinsen. Alles war überstanden, dachten wir.

Unterm Gipfel befand sich eine Eisplatte, darüber hing eine ausladende Neuschneewächte. Ich wußte, sie würde abbrechen, wenn ich einen Schacht hindurchschlage. In meiner Wut schlug ich mit dem Kletterhammer auf die Eisplatte. Wie durch ein Wunder kamen darunter zwei Ringhaken zum Vorschein. Der eine stammte von Riccardo Cassin, der acht Tage nach unserer Eiger-Geschichte hier die Erstbegehung gemacht hatte, der zweite von Louis Lachenal, der den Haken bei der Zweitbegehung eingeschlagen hatte, symbolisch sozusagen. Für uns bedeuteten die Haken unsere Rettung, denn wie erwartet brach die Wächte ab. Ich aber war durch die Haken gesichert. Der Ausstieg war endlich frei.

Ein ähnlich schlimmes Unwetter erlebte ich 1935 in den Dolomiten. Die Filmerin Leni Riefenstahl hatte mich engagiert, um die Guglia di Brenta zu besteigen, ein steil aufragender Turm. Die Leni war damals schon berühmt, und ich dachte mir: „Wenn sie Zicken macht, werde ich sie nicht führen." Bei einigen Vorbereitungstouren habe ich sie geprüft. Selbst Fünfer-Stellen machten ihr kaum Schwierigkeiten. Sie hat sich voll auf mich verlassen.

Also packten wir die Guglia an. Leni war ja Tänzerin und ist die Felsen richtig hinauf „getänzelt". Die Guglia di Brenta hatte ich vorher schon ein paarmal erstiegen. Aber in meiner Euphorie über ihr Können

wählte ich nicht die leichtere Route, sondern die schwierigere Preuß-Wand. An einer Stelle traute sich Leni nicht, nachzusteigen. Ich solle runterkommen und ihr die Griffe zeigen, rief sie. Mit Engelszungen konnte ich sie schließlich überreden, nachzukommen. Als sie bei mir war, heulte sie zwar, denn die Nervenbelastung war für sie zuviel. In der Preuß-Wand gibt es eine Nische. Dort drin hatte der Erstbesteiger einen Zettel hinterlassen: „Hier stürzte Paul Preuß ab." Tatsächlich aber schaffte Preuß den Aufstieg. Der Zettel wurde später gefunden.

Auf meine Frage „Rauf oder runter?" gab Leni keine Antwort. Also stieg ich weiter auf. Als wir den Gipfel erreichten, zog eine schwarze Wolkenwand auf, die von Blitzen durchzogen war. Bald standen wir mitten drin im schlimmsten Gewitter. „Nur runter vom Gipfel!" Ich wußte nicht mehr, auf welcher Seite wir abseilten. Im grellen Licht der Blitze schlug ich die Haken ein. Zum Glück schafften wir es, unten bei unseren Rücksäcken anzukommen. So ein Unwetter habe ich noch nie erlebt.

Bei Dunkelheit mußten wir im Nebel weiter absteigen. Es war kalt. Ich schlug Stufen ins Eis. Im Talboden stolperte ich über große Steinblöcke. Es hatte einfach keinen Sinn mehr, weiter zu gehen. Wir beschlossen, abzuwarten bis zum Morgen. Um sich zu wärmen, legte sich Leni auf mich drauf. Da wurde es auch mir warm, aber nur oben. Unten drückten mich kalte, spitze Steine. Also wechselten wir – nochmal und nochmal. Als es dann hell wurde, fanden wir den Weg zur Tosa-Hütte, wo uns die besorgten Hüttenpächter entgegenkamen.

In der ersten Maihälfte des Jahres 1958 fand unter Leitung von Anderl Heckmair und Alfons Lippl ein Bergführerkurs auf der Sulzenauhütte im Stubai statt. An einem herrlichen, wolkenlosen Maimorgen zog die gesamte Kursmannschaft auf den Sulzenau-Gletscher, um Spaltenbergung zu üben.

Alle waren in Dreier-Seilschaften eingeteilt, von denen jeder Teilnehmer einmal – von den beiden anderen gesichert – in eine ausgewählte Gletscherspalte springen mußte. Ziel der Übung war, den Gestürzten mit Hilfe eines behelfsmäßigen Flaschenzuges und des Prusikknotens wieder an die Oberfläche zu befördern. Bis auf eine Seilschaft hatten alle ihr Programm unter den gestrengen Augen der Kursleiter abgewickelt. Sie hatten also Muße, die letzte Gruppe zu beobachten. Dabei sparten sie nicht mit mitfühlenden Kommentaren und nicht ganz ernst zu nehmenden Ratschlägen. Anderl, ein Namensvetter unseres Kursleiters, sollte als allerletzter springen und geborgen werden. Er stand bereits angeseilt am Rand der Spalte. Wahrscheinlich waren er und seine beiden Kameraden durch die vielen Zuschauer aufgeregt und irritiert. Ohne umzuschauen, fragte jetzt der Anderl: „Fertig?“. Und irgendjemand, der vielleicht auch bloß fragen wollte, sagte: „Fertig?!“ und der Anderl sprang.

Doch, oh Schreck, keiner der beiden Helfer hatte das Seil in der Hand. Blitzartig und schlangenhaft bewegten sich die Seilkringel und schossen auf den Spalt zu. Vergeblich versuchten Franz und Sepp auf das Seil zu treten, um es zu stoppen. Die Zuschauer waren längst verstummt. Plötzlich bewegte sich das Seil nicht mehr. Langsam traten wir auf den Spaltenrand zu. Alles horchte und hoffte auf einen Laut aus der Tiefe. Es dauerte, doch dann hörten wir: „Ös Deppen, ös depperten, i kant hie sei! Mit söllene Deppen kant i jetzt glatt hie sei!“

Für uns klang das wie Engelsmusik. Anderl war zehn Meter im freien Fall geflogen und auf einer Schneebrücke liegen geblieben. Für Übungen werden nur Spalten mit Schneebrücken ausgesucht. Die Bergung verlief dann außerplanmäßig. Alle Mann griffen ins Seil, und in weniger als einer Minute stand der Unglücksrabe schwer atmend zwar, aber unverletzt, neben uns.

Wer heute in den Hüttenbüchern der Sulzenauhütte blättert, kann darin folgendes lesen:

Es flog der Anderl in die Spalten,
die andern konnten ihn nicht halten,
und käme die Schneebrücke nicht dazu,
fänd er im Eis die ewige Ruh.

Es war abend und im Schatten der Berge trotz des klaren Himmels außergewöhnlich dunkel. Mein Freund und ich kehrten sehr viel später von unserer Tour zurück, als mit dem Hüttenwirt im Oytalhaus besprochen. Grund der Verzögerung war eine zweite Klettertour, die wir an die erste der Lust wegen angehängt hatten. Müde und wortlos trotteten wir das Oytal hinaus.

Gustl, der Wirt, machte sich schon Sorgen und wollte uns mit seiner Frau ein Stück entgegengehen. Nachdem die beiden den Oybach über die alte Holzbrücke überquert hatten, hörten sie auf dem Schotterweg unsere Schritte. Auf einer Bank unweit des Weges in einer Viehweide warteten sie auf unser Näherkommen.

Als wir etwa auf gleicher Höhe waren, rief Gustl in die Dunkelheit nach meinem Gefährten: „Paule, bist du's? Wir sitzen hier auf dem Bänkle, kommt's herüber!"

Paul rief zurück: „Gustl, wir sind müde und hungrig. Wir wollen gleich weiter zum Haus. Kommt's ihr!"

Die beiden waren einverstanden und wir gingen weiter zum nahen Oytalhaus, als hinter uns etwas gerufen wurde. Weder verstanden wir den Zuruf akustisch, noch bezogen wir ihn auf uns. Nach einem langen Klettertag – Himmelhorn-Südwand und Wilden-Verschneidung lagen hinter uns – waren wir zu apathisch, um zu reagieren.

Daß der Zuruf uns galt, begriffen wir erst, als in

scharfem Ton ein „Halt, stehen bleiben!" erscholl. Wir hörten Schritte, wurden im Bogen umgangen und mit einer starken Taschenlampe geblendet, so daß wir unser Gegenüber nicht erkennen konnten. Dann kam die Frage: „Was habt ihr in den Rucksäcken?" Paul fragte zurück: „Was ist denn hier eigentlich los?" und ging ein paar Schritte in Richtung Taschenlampe. Doch sofort ertönte äußerst scharf: „Halt, Rucksäcke auf den Boden, Hände hoch und zehn Schritte zurück!" Wie ernst die Sache war, erkannten wir an dem klickenden Geräusch, das beim Entsichern einer Waffe entsteht.

Wir warfen also unsere Rucksäcke zu Boden, streckten die Arme zum Sternenhimmel und schlichen mit einem mulmigen Gefühl in der Magengegend rückwärts.

Mittlerweile waren wir wieder so munter wie am frühen Morgen und wußten auch, daß wir es mit einem leibhaftigen Zöllner zu tun hatten. Der glaubte wohl, Schmuggler vor sich zu haben. Er näherte sich unseren Rucksäcken. In der einen Hand die Taschenlampe, in der anderen die entsicherte Pistole. Da er keine Hand frei hatte, stieß er – wohl zur Prüfung des Inhalts – mit dem Fuß gegen die Rucksäcke. Auf diese Weise war der Inhalt natürlich nicht festzustellen. Also befahl er uns, die Rucksäcke wieder aufzunehmen und zum Oytalhaus mitzukommen.

Diese Aufforderung schien bei Paul die letzte Müdigkeit vertrieben zu haben. Er schrie den Zöllner an, daß er gerade noch die Rucksäcke unten haben wollte. Da seien sie jetzt auch, und da blieben sie auch, und er solle sie selber zum Haus tragen. Der Zöllner schlug eine härtere Gangart ein. Dann wolle er den Paule eben vorläufig festnehmen. Darauf der Paul: „Dann kannst du mich gleich mit zum Oytalhaus tragen, denn laufen tue ich keinen Schritt mehr. Ich leg' mich jetzt bis morgen früh in den Schlafsack. Du kannst machen, was du willst. Das ist mir wurscht!".

Während dieses Dialogs stießen die Wirtsleute zu uns. Sie rieten uns, dem Beamten doch keine Handhabe gegen uns zu liefern und mitzukommen. Im beleuchteten Oytalhaus leerten wir dann unsere Rucksäcke energisch aus. Es war natürlich reiner Zufall, daß die Karabinerketten, Mauerhaken und Kletterhämmer dem Zöllner genau auf die Füße flogen. Von Schmugglergut keine Spur!

Später stellte sich heraus, daß ein Hörfehler uns verdächtig gemacht hatte. Der Zollbeamte hatte den Zuruf des Wirts: „Paul, komm her, wir sitzen auf dem Bänkle" so verstanden: „Paul, komm her, da vorn ist ein Grenzer".

Der Beamte hätte uns besser nach der Genehmigung für die Fahrt mit dem Motorrad von Oberstdorf zum Oytalhaus gefragt. Die hatten wir nämlich nicht.

Als wir uns später über die abendliche Begegnung mal unterhielten, die leicht fatal hätte enden können, meinte Paul ganz trocken: „Es tät mir heut noch stinken, wenn der Zöllner uns damals nach einem so herrlichen Tourentag aus Versehen erschossen hätte".

Während der Grundausbildung bei der Bundeswehr war ich in München in einer Kaserne. An meinem Spint hatte ich Bergfotos hängen. Ein Ausbilder interessierte sich dafür und fragte, ob ich kletterte. Er würde gerne eine Klettertour machen und bat mich, ihn einmal mitzunehmen.

Nun war dieser Ausbilder eigentlich ein kompletter Depp, das Musterexemplar von Leuteschinder. Im

Dienst schikanierte er meine Kameraden, wo er nur konnte. Nur zu mir war er freundlich, weil er ja mit auf Tour wollte. Mir war es fast peinlich, weil ich nicht einmal Wochenenddienst machen mußte. Gegenüber meinen Kameraden hatte ich fast ein schlechtes Gewissen, aber die feixten bloß: „Den mußt du irgendwohin mitziehen, daß er richtig fertig ist." Also abgemacht.

Mit dem Ausbilder fuhr ich schließlich ins Tannheimer Tal. Die „Alte Süd" ist eine bekannte Tour am Gimpel. Mitten in der Wand gibt es ein Schlupfloch zwischen zwei Felsplatten. Die meisten gehen den ausgesetzteren Weg außen herum, weil das Loch sehr eng ist. Genau an dieser Stelle dachte ich mir: „Jetzt ist die Stunde gekommen." Ich band mich vom Seil los und ging außen am Loch vorbei. Das Seil zog ich an einer Reepschnur durch das Loch durch. Weiter oben richtete ich mich an einem Standplatz ein und freute mich schon auf den Anblick, der da kommen sollte.

Der Ausbilder hatte beim Nachsteigen nicht sehen können, daß ich außenherum geklettert war. Das Seil führte durch das Loch – also versuchte er, dort hindurch zu robben. Mitten drin blieb er stecken und schrie: „Da komme ich nicht durch. Das schaffe ich nicht."

„Ich bin auch durch. Das schafft man schon," rief ich zurück. Ein schlanker Mensch schafft es tatsächlich, wenn er sich dreht und windet. Aber der Ausbilder war eher füllig. Es war deutlich zu hören, wie er sich mit Gewalt durch die Felsen zwängte. Plötzlich

stürzte er ins Seil. Ich sicherte ihn, beugte mich vor und fragte ganz scheinheilig: „Ja, was ist denn?"

Da sah ich, wie der Helm im Loch steckte und der Ausbilder zwei Meter weiter unten im Seil hing. Der Helm steckte so fest zwischen den Felsen, daß beim Sturz der Kinnriemen gerissen war.

„Du mußt viel weiter links durch," gab ich von oben Anweisung. Dabei konnte ich mir das Lachen kaum verkneifen. Brav kroch der Ausbilder weiter links ohne Helm durchs Loch. Dabei verkratzte er sich Arme und Beine. Der Mann hat nachher ausgeschaut wie ein Gockel nach einem Hahnenkampf. Später in der Kaserne erzählte er überall herum, was er für eine tolle Tour gemacht hätte. Und voller Stolz zeigte er dabei seine „verschärreten" Arme und Beine. In der Bundeswehr müssen Männer mit Taten prahlen. Dabei wußten alle anderen, daß ich ihn durch das Loch am Gimpel hindurch gezogen hatte. Am Ende meiner Grundausbildung schließlich gestand ich dem Ausbilder, daß ich nicht durch das Loch gekrochen war. Der sonst zu mir so freundliche Herr hat sich daraufhin nicht einmal mehr verabschieden wollen.

Bei der Tour mit dem Bundeswehr-Ausbilder hat es mir – als damals 19jährigem – Spaß gemacht, in die Kletterroute eine Schikane einzubauen. Als Bergführer bemühe ich mich natürlich, meinen Gästen den Tag so leicht und angenehm wie möglich zu gestalten. Diese Absicht hatte ich auch bei einer Bernina-Durchquerung.

Mit den vier Gästen traf ich mich an der Talstation der Diavolezza-Bahn. Ein junger Mann war dabei, der mit einem riesigen Rucksack daherkam. Um den Hals baumelten eine Filmkamera und ein Fotoapparat. Zuerst vorsichtig, dann eindringlich machte ich ihn darauf aufmerksam, daß sein Gepäck zu schwer sei, daß er so beladen die Tour kaum schaffen werde. Aber der Gast ließ sich nicht beeindrukken. Auf Kamera und Fotoapparat könne er gleich gar nicht verzichten, weil er alle Etappen im Bild festhalten wolle. Wie sich später herausstellte, hatte seine Freundin bereits die Bernina durchquert und ihm voller Stolz diese Leistung vorgehalten. Die männliche Eitelkeit trieb ihn nun zur gleichen Tour, und zum Beweis seiner bergsteigerischen Fähigkeiten brauchte er eben die Bilder. Wegen des Gewichts der Ausrüstung solle ich mir keine Sorgen machen, entgegnete er. Schließlich habe er vor unserer Tour viel trainiert.

Nachdem alle Überredungskünste ohne Erfolg geblieben waren, zogen wir los. Schon nach kurzer Zeit erwies sich unser „Rucksack-Paul" als der mit Abstand schlechteste Geher. Er schaffte kaum den Anstieg zum Piz Palü, und die ganze Überschreitung lag noch vor uns bis zur Marco Rosa-Hütte. Es war ein Drama. „Das kommt von dem Gewicht", erlaubte ich mir zu bemerken. Offenbar sah er langsam ein, daß er einfach überladen war.

An einem Brotzeitplatz packte Paul schließlich seinen ganzen Rucksack aus. Der Proviant hätte für mehr als zwei Wochen gereicht: Wurst, Konservendosen, Getränke . . . Wie er so neben der Gletscherspalte saß und mit seinem Rucksack beschäftigt war, bemerkte ich, wie er heimlich Verpflegungspakete in die Spalte warf. Jetzt hatte er Platz im Rucksack für Kamera und Fotoapparat.

Auf der Marco Rosa-Hütte war Paul zu müde, um irgendwas zu essen. Am Abend schlief er fast am Tisch ein. Am nächsten Morgen fand ich im Lager seine Filmkamera und trug sie ihm nach. Da reagierte er ganz komisch. Kurz vor dem Aufbruch verschwand Paul für einen Moment.

Später auf der Tour bemerkte ich auf einmal, daß Paul nicht filmte. „Wo hast du denn deine Kamera?", fragte ich ihn. „Die habe ich dem Hüttenwirt geschenkt."

Noch eine Etappe weiter fiel mir plötzlich auf, wie Paul ganz still und heimlich auch seinen Fotoapparat unter einem Fels verschwinden ließ. Die teure Ausrüstung war ihm inzwischen offenbar völlig wurscht. Irgendwann fragte ich ihn, warum er eigentlich so eine Tour unternehme, wenn er sich dabei so plagen muß und keine rechte Freude daran hat. Da erzählte er von seiner Freundin, die ein Jahr zuvor die Bernina-Durchquerung gemacht und ihn seitdem aufgestachelt hatte. Der Ehrgeiz hatte ihm keine Ruhe mehr gelassen.

Als nach drei Tagen an der Coaz-Hütte eine Möglichkeit zum Abstieg bestand, hatte Paul kräftig „abgespeckt". Bis auf seine Kleidung war nichts mehr drin im Rucksack. Alles andere hatte er unterwegs verschwinden lassen.

Als Schlüsselerlebnis ist mir ein Ereignis in Erinnerung, das meine Einstellung zum Beruf entscheidend geprägt hat. Immer wieder muß ich denken an das Unglück, damals im Mai 1975, als uns nur Glück vor schlimmeren Folgen bewahrte.

Ein Ehepaar und dessen Bekannten wollte ich durch die Haute Route führen – ganz normal von Argentière aus über Champex nach Bourg St. Pierre. Wir stiegen auf zur Valsorey-Hütte. Zunächst waren wir dort oben die einzigen. Später kam eine französische Dreier-Seilschaft nach. Es herrschte schlechtes Wetter, sonst wären wohl mehr Tourengänger unterwegs gewesen. Einen Tag mußten wir warten, bis es heller wurde, bis die Wolken aufrissen.

Die Franzosen bereiteten sich zum Aufbruch vor. Wir wollten zuerst nach den Verhältnissen schauen. Wie es halt so ist: Einer steckt den anderen an mit seinem Tatendrang. Eine Viertelstunde später waren wir unterwegs – hinter den Franzosen her.

Auf dem Weg zum Plateau du Couloir stiegen wir durch schrofen-durchsetztes Steilgelände bis zu einer kritischen Hangquerung. In der Dreier-Seilschaft vor uns hatte eine Französin Probleme mit ihren Steigeisen. Deshalb überholten wir. Schließlich wollte ich im Neuschnee auch mal spuren. In der Querung kamen wir in Packschnee. Es handelte sich um Triebschnee-Ablagerungen – ein typischer Wächtenkeil. Wir waren angeseilt und liefen in Abständen, als der Schnee tiefer wurde. „Jetzt wird es kritisch", dachte ich mir und ging wieder zurück.

Obwohl es bis zum Plateau auf Höhe der Wächte nur noch 20 bis 30 Meter weit war, entschied ich: „Wir machen eine Standsicherung". Ein 40-Meter-Seil hatten wir dabei. Die drei Gäste habe ich dann am einen Ende des Seils angebunden. Das restliche Seil reichte für mich bis zur sicheren Kante des Plateaus. Dort wollte ich die nächste Sicherung anbringen, um die anderen nachzuholen. Deshalb habe ich zur Standplatzsicherung die Pickel vergraben und den dreien Anweisungen gegeben, wie sie mich zu sichern hätten.

Als wir fertig waren, ging ich los. Plötzlich – nach ein paar Metern – brach der Hang zehn Meter über mir ab. Der Wächtenkeil ging als Schneebrett ab und riß mich aus dem Stand. Ich merkte: Es geht dahin. Mit dem Pickel fand ich keinen Halt in den lockeren Schneemassen. Doch mich überkam keine Panik, denn ich wartete jeden Moment auf den Ruck der Seilsicherung. Dann spürte ich den Ruck. Doch auf einmal ging es weiter – bergab. Da wußte ich sofort: Jetzt kommen alle nach.

Vielleicht haben die drei Gäste die dynamische Seilsicherung nicht so bedient, wie es in diesem entscheidenden Moment notwendig gewesen wäre. Auf jeden Fall ging alles dahin. Erst wurden die drei Gäste oben samt Pickel rausgeschleudert. Dann wieder ich. Jeder von uns kam irgendwann einmal zu einem Halt. Aber durch die Wucht der anderen schleuderte es jeden wieder heraus.

400 Meter ging es den Steilhang hinunter bis zum Gletscher Meitin. Ich hatte Schwierigkeiten zu atmen und war bemüht, bei klarem Bewußtsein zu bleiben. Ich erinnere mich, daß ich mit einem Finger Schnee aus dem Mund gekratzt habe. Weil wir alle durch das Seil verbunden waren, blieben wir über dem Schnee – Wolfgang, Walter und ich. Nur Christa hat gefehlt, als wir unten ankamen.

Wolfgang schrie: „Wo ist Christa?". Er und Walter hatten sich vermutlich beim Sturz gegenseitig mit den Steigeisen verletzt. Ich war am Seil weit weg. Deshalb blieb ich fast unverletzt – bis auf einige Prellungen. Ich war der einzige, der sich frei bewegen konnte. Mit einem Skistock, der mir noch geblieben war, habe ich nach Christa im Schnee gestochert. Wolfgang schrie immer noch nach seiner Frau.

Plötzlich bemerkten wir die Franzosen, die unseren Unfall beobachtet hatten und nun zu uns abstiegen. „Christa ici", riefen sie, Christa sei bei ihnen. Die Franzosen haben gedacht, wir seien alle hinüber, bis auf die Frau. Das war der Moment, wo ich tief aufgeatmet habe. Wahnsinnig froh war ich und konnte es kaum glauben, daß Christa oben am

Hang stand. Der Grund: Christa war ohne Schraub-Karabiner losgelaufen. Mit einem Mastwurf-Knoten hatte ich sie deshalb mit meinem letzten Normal-Karabiner gesichert. Beim Sturz muß sich das Seil aus dem Karabiner gelöst haben. Deshalb hat Christa außer dem Schock keine Verletzungen erlitten.

Die Franzosen haben uns dann freundschaftlich geholfen. Mit ihren Ski haben sie Schlitten gebaut, auf denen Wolfgang und Walter abtransportiert werden konnten. Christa und ich liefen zurück zur Valsorey-Hütte. Von dort aus haben Franzosen einen Hubschrauber alarmiert. Wolfgang und Walter wurden eingeladen in den Heli. Christa flog mit, weil sie bei ihrem Mann bleiben wollte. Nach dem Abladen der drei in Sion stellte sich am Hubschrauber übrigens ein Defekt heraus, der am Berg schwerwiegende Folgen hätte haben können. Irgendwie kommt immer alles zusammen.

Ich selbst hatte bei dem Lawinenunglück so ziemlich alles verloren: Rucksack, Ski, Kamera-Ausrüstung, Gamaschen, Handschuhe und die Brille. Am nächsten Tag auf der Valsorey-Hütte kam für mich das größte Leiden. Mit meinen Prellungen konnte ich kaum von der Pritsche aufstehen. Draußen herrschte diffuses Licht im Neuschnee. Dabei habe ich nicht auf meine Augen geachtet, sondern nach meiner Ausrüstung gesucht. Tatsächlich konnte ich einen Ski finden.

Ein Gendarm, der mit dem Helikopter gekommen und bei mir auf der Hütte geblieben war, erwies sich als Menschenfreund. Er lieh mir einen Ski und fuhr

selbst mit nur einem Brett am Fuß hinunter nach Bourg St. Pierre. Am Nachmittag mußte ich nochmals bei der Gendarmerie vorsprechen und Angaben machen. Dann entließen sie mich, weil mir niemand einen Vorwurf machen konnte und wollte.

Gleich anschließend fuhr ich zu den dreien ins Krankenhaus. Dort gab es schon eine Schweizer Zeitung mit großen Schlagzeilen über unser Unglück. Und auf einmal habe ich an meine Eltern gedacht und daran, daß sie sich gewiß große Sorgen machen würden, falls auch bei uns im Allgäu etwas in der Zeitung stünde über das Lawinenunglück.

Deshalb habe ich mich ins Auto gesetzt und bin losgefahren. Alle Sinne hatte ich wohl noch nicht beisammen. Jedenfalls merkte ich erst an einer Barriere am Ende des Rhone-Tals, daß Furka und Grimsel gesperrt waren. Anlieger rieten mir, wenn ich mich beeilen würde, könnte ich noch den letzten Zug durch den Lötschbergtunnel erwischen. Ich fuhr mit Vollgas nach Goppenstein zum Bahnhof und sah von oben gerade den letzten Zug abfahren. Da stand ich wieder da wie ein begossener Pudel. Schließlich bin ich über Martigny und am Genfer See vorbei nach Hause gefahren. So etwa zwischen 4 und 5 Uhr morgens war ich daheim in Oberstdorf – zur Beruhigung meiner Eltern.

Walter habe ich aus den Augen verloren, aber mit Wolfgang und Christa verbindet mich noch immer ein gutes Verhältnis. Wir sind später doch noch einmal die Haute Route gegangen, weil die beiden endgültig den Schock überwinden wollten.

Professor Dr. Karl Herrligkoffer ist eine der Reizfiguren im Kreis von Expeditions-Bergsteigern. Grund dafür sind Zweifel an seinen bergsteigerischen Qualitäten und sein Führungsstil in den oft bunt zusammengewürfelten Gruppen. Unstimmigkeiten während der Expeditionen führten gelegentlich nach der Heimkehr zu erbitterten Auseinandersetzungen. Aber der Münchner hat seit 1953 mehr Auslandsbergfahrten in den Himalaja geleitet, als sonst jemand in Deutschland. Hier war er der einzige, der unbekannten Leuten eine Chance gab. Auch ich war völlig überrascht, als Herrligkoffer mich im März

1982 einlud zur Nanga-Parbat-Expedition. Und im nachhinein muß ich sagen, nicht nur der bergsteigerische Erfolg hat einen tiefen Eindruck hinterlassen. Entgegen allen Befürchtungen herrschte unter den Expeditions-Teilnehmern ein kameradschaftliches Verhältnis, zu dem Herrligkoffer durch seine Persönlichkeit viel beitrug.

Vier Monate nach meiner Zusage, an der Nanga-Parbat-Expedition teilzunehmen, erreichten wir das Basislager im Rupaltal. Hinter uns lag das Erlebnis einer abenteuerlichen Jeep-Fahrt durch das Industal zum Ausgangsort, wo bereits die Träger warteten. Während die anderen marschierten, nahm ich mir ein Pferd. Es war ein wunderschönes Tier, das der Bauer für wenig Geld hergeliehen hatte. Der Ritt ins Basislager auf 3650 Meter Höhe führte über Hochmatten – durch eine Flora, wie ich sie noch nie gesehen hatte. Herrligkoffer maulte, ich solle laufen und mich aklimatisieren. Aber ich wollte nicht runter von dem prächtigen Gaul.

Im Basislager angekommen, verhüllten Wolken den Blick auf die Berge. Fassungsloses Staunen, als sich die Schleier auf einen Schlag lichteten und sich die Wolken auflösten. Vor uns stand der Nanga Parbat mit seinem 8125 Meter hohen Gipfel und der zehn Kilometer breiten Wand.

Schon mit bloßem Auge bemerkten wir riesige Lawinenabgänge. Niemand glaubte, daß ein Gipfelerfolg über den Südost-Pfeiler möglich wäre, an dem zuvor schon so viele gescheitert waren: Vier Kilometer Fels, Eis und Schnee.

NANGA PARBAT

Zu unserer Gruppe gehörten neben Herrligkoffer Schorsch Ritter aus dem Remstal, der schon einer der „frühen" Deutschen auf dem Mount Everest war; Ueli Bühler aus dem Berner Oberland hatte bislang eher durch stille Erfolge geglänzt: Morgens nach der Stallarbeit hatte er in gut acht Stunden die Eiger-Nordwand durchklettert und war am abend wieder rechtzeitig im Stall. Die bekanntesten Bergsteiger waren die beiden Polen. Tadeusz Piotrowski und sein Freund Napoleon Biehm hatten schon durch Erstbegehungen und extreme Winterbesteigungen auf sich aufmerksam gemacht. Valentin Demmel aus Ingolstadt, der bereits ein Jahr zuvor mit Herrligkoffer an der Rupalflanke war, hielt das Risiko für so groß, daß er knapp zwei Wochen später abreiste.

Während noch Ehrfurcht vor dem gigantischen Bergmassiv auch unsere Gedanken fesselte, waren die beiden Polen auf einmal schon 1000 Meter höher bei den ersten Erkundungen. Ihre Angst hatten die zwei offenbar daheim gelassen. Von Herrligkoffer erfolgte die Anweisung, daß ein Gipfelversuch nur mit deutscher Beteiligung unternommen werden dürfe. Also kam Bewegung ins Lager.

Wir waren mitten drin, bei den Materialtransporten zu den Höhenlagern, als es auf einmal allen schlecht ging. Napoleon war in einem 1800 Meter hohen Couloir ausgerutscht, hatte sich aber wie durch ein Wunder kaum verletzt. Trotzdem fiel er aus. Schorsch plagte Durchfall. Ueli kam mit der Höhe nicht zurecht. Ich selbst litt unter fürchterlichen Zahnschmerzen. Druckwellen von riesigen Lawinen zerfetzten immer wieder unser Lager I. Der Nachschub kam zum Erliegen.

Schorsch und Tadeusz waren als erste wieder fit. Deshalb bildeten sie von nun an eine Gruppe. Ich ging mit Ueli. Am 14. August errichteten Ritter und Piotrowski auf 7300 Meter Höhe das Lager V. Der erste Gipfelvorstoß der beiden endet am nächsten Tag auf 7700 Meter.

Am gleichen Tag noch war ich mit Ueli im Lager V eingetroffen. Am nächsten Morgen brachen wir vier auf zu einem neuerlichen Gipfelvorstoß. Aber Ueli hatte seine Schwierigkeiten mit der extremen Höhe immer noch nicht überwunden. Deshalb kehrte der Schweizer um. Im Lager V wollte er auf uns warten. Herrschte beim Aufbruch noch schönstes Wetter, so setzte unter dem Gipfel Schneefall ein. Im Neuschnee tappten wir eine Stunde lang fast auf der Stelle, weil wir bei jedem Schritt zurückrutschten. Am Vortag hatten Schorsch und Tadeusz gespurt. Ohne den Neuschnee wäre der Gipfel kein Problem gewesen. So aber mußten wir ganz knapp darunter umkehren. Denn wir hatten kein Biwakzeug dabei.

Kurz bevor es dunkel wurde, erreichten wir Lager V. Dort erwarteten wir, Ueli wieder zu treffen. Aber er war weg. Keine Spur deutete darauf hin, daß er abgestiegen sein könnte. Depression machte sich breit. Wir befürchteten, der Schweizer sei abgestürzt. In seiner Verfassung wäre es kein Wunder gewesen, in dieser steilen Eisflanke den Halt zu verlieren.

Gegen 19.30 Uhr, als es schon fast finster war, bemerkte einer von uns: „Da oben läuft jemand". Das erschien natürlich unmöglich. Denn in den Wochen bisher hätten wir eine andere Expedition bemerken müssen. Und wer geht schon auf über 7300 Meter Höhe spazieren? Die einzige Erklärung war die Höhe, die auch anderen Bergsteigern schon einen Streich gespielt hat. Aus der Literatur sind einige Phantastereien bekannt, die nur auf die Höhe zurückzuführen sind, wobei nicht unbedingt Messners Yeti gemeint sein muß. Aber komisch war es irgendwie doch. Alle drei waren sich sicher: 4000 Meter über dem Basislager läuft jemand herum. Natürlich dachten wir auch ganz entfernt daran, daß es Ueli sein könnte. Aber was sollte er dort droben tun?

Über Nacht wurden meine Zahnschmerzen schlimmer, obwohl ich vor der Abreise in Deutschland alle Füllungen hatte erneuern lassen. Ich schluckte Tabletten, und von Herrligkoffer kam die Anweisung, abzusteigen und für den Nachschub zu sorgen.

Eigentlich war ich darüber froh, denn das Höhenlager war eine richtige Mausefalle. Ständig drohten Lawinen. Der Abstieg allein war so eine Geschichte. Denn erst ab 7000 Meter war die Spur mit Fixseiten versichert. Und der Neuschnee war rutschig.

Am nächsten Tag warteten Schorsch und Tadeusz auf Ueli, der weder abgestürzt noch abgestiegen war. Am Morgen hatte man ihn von unten erkennen können. Wie sich herausstellte, war der Schweizer bei seiner Umkehr nicht ins Lager V zurückgekehrt, sondern hatte sich zum Biwak eine Schneehöhle gegraben, wo er vor Erschöpfung eingeschlafen war. Bei unserem Abstieg von kurz unterhalb des Gipfels ins Höhenlager sind wir an seiner Höhle vorbeigelaufen. Dabei war Ueli aufgewacht und herausgekrochen. Aber Nebel und Dämmerung hatten einen Sichtkontakt verhindert. Nun war er der irrigen Ansicht, es wäre schon einen Tag später und wir drei nach Gipfelerfolg und Biwak bereits beim Abstieg. Für ihn gab es nur ein Ziel: den Gipfel.

Als es dann nach einer halben Stunde richtig finster wurde, wunderte sich Ueli noch, daß der Tag so schnell vergangen war. In diesem Moment hat er wohl nichts mehr begriffen. Deshalb wollte er zurück zu seiner Höhle, die er aber nicht mehr fand. Deshalb buddelte er sich eine neue Schneehöhle und verbrachte dort die Nacht – ohne Essen, ohne Kocher, ohne Biwaksack. In 7500 Meter Höhe war die Nacht sehr kalt.

Trotz schwerer Erfrierungen an Fingern und Füßen stieg Ueli Bühler am nächsten Morgen weiter auf. Am 17. August 1982 erreichte er als erster Mensch den 8042 Meter hohen Südgipfel des Nanga Parbat über den Südostpfeiler.

Der Erfolg unserer Expedition gründete sich auf den durch die Höhenkrankheit bedingten Irrtum und die unerschütterliche Willenskraft eines jugendlich unbekümmerten Bergsteigers. Wegen seiner Erfrierungen hatte Ueli erhebliche Schwierigkeiten beim Abstieg. Nur mit Hilfe von Schorsch und Tadeusz gelangte er ins Basislager. Dort organisierte Herrligkoffer den Abtransport mit einem Hubschrauber. In kürzester Zeit war Ueli Bühler in einer Schweizer Klinik.

Im Sommer gehe ich manchmal auf den Gimpel-Westgrat mit Ausbildungskursen für Alpenvereins-Jugendleiter. Die Übung am Grat auf und ab kann schon mal einen ganzen Tag dauern. Wie ich einmal so dastehe und zuschaue, denke ich mir: Was waren das wohl für Leute damals, die den Grat als erste bestiegen haben? Der Frage bin ich nachgegangen. Wie sich dann herausgestellt hat, waren es zwei Kaufbeurer: Julius Bachschmid, der Sohn vom Bürgermeister, und Emanuel Christa, der Sohn vom evangelischen Stadtpfarrer so kurz vor der Jahrhundertwende. Daheim in Kaufbeuren habe ich weiter gesucht, zum Beispiel im Kirchenarchiv. Der Großvater von Emanuel Christa war der Verwalter vom Spital, dem größten Grundeigentümer in der Stadt damals. Der Vater war Stadtpfarrer.

Den Sohn hat man nach Kempten geschickt ins Gymnasium. Seine beiden Schwestern waren gerade verheiratet. Sie wurden auch Pfarrersfrauen. In Kempten gab es damals eine wilde Klettergruppe um August Weixler herum. Diese Leute hat Christa kennengelernt, als er gerade Abiturient war. Es war 1896, als Bachschmid und Christa den Westgrat am Gimpel bestiegen – mit Kletterschuhen übrigens, die man auch damals schon kannte. Emanuel Christa wurde Student in München. Wenn man seine Tourenberichte liest, war er aber zumindest mit dem Kopf auch die ganze Woche über beim Klettern.

1901 hat Christa dann den Felsturm im Wilden Kaiser bestiegen, der inzwischen nach ihm benannt ist. Später wurde Christa Professor für Geologie. Erst 1948 ist er gestorben.

Es ist seltsam, was mir manchmal während einer Tour durch den Kopf geht. Für einen Außenstehenden mag das vielleicht wie ein Scherz klingen, aber für mich ist es durchaus ernst. Gelegentlich fördert der Zufall etwas zu Tage, aber meistens ist es schlicht die Neugier, die mich in alten Chroniken und Schriften nach der Geschichte des Alpinismus und des Bergführerwesens forschen läßt.

In Deutschland gibt es so viele arbeitslose Geographen, daß ich mir keine Hoffnung machen brauche auf eine Stelle in meinem studierten Beruf. Aber auch als Bergführer sitze ich manchmal ganz gern ein paar Tage hinter dem Ofen und lese. Was mich an der Entwicklung des Bergsteigens so fasziniert, ist die Frage: Warum sind diese Leute damals auf die Berge gestiegen? Heute fragt man neu-deutsch: Was war ihre Motivation? Von Pioniergeist und Romantik ist oft die Rede, aber ich glaube, die wollten sich und anderen etwas beweisen – genau wie heute. Für viele war es einfach nur das sportliche Motiv.

Inzwischen habe ich so viel Material gesammelt, daß ich beim Alpenverein oder bei der Bergführer-Ausbildung an der Technischen Universität München Vorträge halten kann über die Forschung in alten Archiven. Auch die Geschichte, finde ich, gehört zum Bergführerwesen.

Die Bergführer-Statistik für die Ostalpen beginnt mit der Gründung des Österreichischen Alpenvereins 1862. Ein Jahr später gab es bereits eine Liste mit 88 Namen von vorgeschlagenen Bergführern, ein weiteres Jahr später bereits eine Bergführerordnung für Salzburg.

Als der Deutsche Alpenverein gerade ein Jahr alt war, erschien bereits das erste Verzeichnis von Füh-

Berg=
Chronik
v. Kauf=
beuren
1896

rern und Tarifen. Seit 1876 gibt es eine Bergführerordnung in Oberstdorf. Aus diesem Jahr ist bekannt, daß eine Führungstour auf die Trettachspitze 3,30 Gulden kostete. Für die zweitägige Tour auf den Hochvogel wurden vier Gulden verlangt. Wenn der Führer nicht verpflegt wurde, hat die Unternehmung sogar fünf Gulden gekostet. Das war damals viel Geld.

Die übliche Umrechnung „eins zu sechzig" wirft ein schiefes Bild. Nimmt man eine Zeitung aus diesen Tagen zur Hand, ergeben sich andere Verhältnisse. Damals hat ein Schneidergeselle in Stuttgart fünfeinhalb Gulden verdient in einer Sechs-Tage-Woche. Ein Schullehrer in Balderschwang bekam 350 Gulden im Jahr – für sechs Tage Schule und den Mesnerdienst am Sonntag. Eine Kuh kostete damals rund 80 Gulden. Wenn man das vergleicht, war ein Gulden 1870 so viel wert wie heute 100 Mark. So gerechnet waren die Bergführer nicht schlecht bezahlt.

Leider ist die alte Bergführerordnung in Oberstdorf nicht mehr auffindbar. Aus anderen Quellen weiß man aber, daß der Bergführer Josef Zeller damals von Vermessern engagiert worden ist. Nebenzu hat Zeller Reliefs von den Oberstdorfer Bergen gebaut, die jetzt irgendwo auf deinem Dachboden verkommen.

Zeller war ein echter „Allgäuer Mächeler". Neben den Vermessungsarbeiten baute er seine Reliefs, obwohl er nur mehr einen Arm hatte. Wer kennt *heute den Verbleib der Reliefs und die Geschichte des Bergführers Josef Zeller, und wo ist die alte Bergführerordnung von 1876? Wenn man nach den alten Sachen forscht, stößt man leider oft auf Unkenntnis. In Italien gibt es in jedem Tal eine Chronik der einheimischen Bergführer und ihrer Leistungen. Bei uns in Bayern macht man viel zu wenig daraus.*

Vor ein paar Jahren saß ich zwei Tage auf einer Hütte im Lechtal fest. Draußen herrschte Schneesturm. Ich las im Hüttenbuch – von vorn bis hinten, von hinten bis vorn. Da stieß ich auf den Namen Lilli von Weech. Seitdem war ich begierig, mehr von dieser Dame zu erfahren. Imponiert hat mir die wohlhabende Frau aus Garmisch vor allem deshalb, weil sie aus einer geplanten einwöchigen Skitour eine Lechtal-Tour von sieben Wochen Dauer gemacht hatte. Der „Imster Bursch" Heinrich Zöhrer war als Führer dabei.

Er schleppte den schweren Rucksack über die Jöcher und hat gebrochene Ski und Bindungen geflickt. „Kleine Geschichten aus großen Bergen" hieß ein kleines Buch, das Lilli von Weech in den 20er Jahren geschrieben hat. Das Buch ist noch vorhanden, aber die Dame hat darüber hinaus noch umfangreiche Erbschaften hinterlassen, zum Beispiel Koffer voll mit Aufzeichnungen und Manuskripten. Als ich davon erfuhr, wohnte ich gerade in Oldenburg. Ich bin sofort nach Garmisch gefahren, weil die Koffer dort bei einem Altpapierhändler sein sollten. Aber ich kam zu spät. Er habe den ganzen Plunder vorige Woche „auf die Verbrennung g'foarn", bedauerte der Händler.

Während meiner Zeit als Hüttenwirt auf dem Waltenberger Haus kamen immer wieder Gäste, die von mir auf die Trettach geführt werden wollten. 1955 war es ein Fabrikant aus dem Württembergischen, der schon ein paar Tage auf der Hütte verbracht hatte und dann zur Trettach wollte. Es war ein stiller Mann, aber unterwegs unterhielten wir uns über Gott und die Welt. Es wurde eine schöne Tour. Nachher, als wir wieder unten am Einstieg angekommen waren, gab er mir sein Geheimnis preis. Er erzählte von sich.

Vor dem Krieg hatte er eine Fabrik aufgebaut, die dann ausgebombt wurde. An der Front erreichten ihn Briefe von seiner Frau, die ihm Mut machten. Es ginge irgendwie schon wieder aufwärts. Kurz darauf in der Gefangenschaft bat ihn seine Frau, Vollmachten zu schicken, damit sie die Fabrik wieder aufbauen könne. Aus der Gefangenschaft kehrte er schließlich heim, voll Vertrauen darauf, daß nun alles so sein würde wie vor dem Krieg. Aber weit gefehlt. Seine Frau hatte inzwischen einen festen Freund, mit dem sie zwar die Fabrik wieder aufgebaut hatte.

Jedoch hatte sie die Vollmachten dazu benutzt, das Eigentum auf sich selbst zu überschreiben. Dem Ehemann gab sie den Laufpaß. Diesen Schock konnte der Fabrikant nicht überwinden. Auf das

Waltenberger Haus war er gekommen, um sich umzubringen. Wie er mir am Fuße der Trettach erzählte, hatte er sich aus der Wand in die Tiefe stürzen wollen. „Wie stellen Sie sich so was vor?", fragte ich ihn. „Ich wäre doch mit abgestürzt. Ich habe eine Frau und fünf Kinder".

Die „wunderbare Kameradschaft" bei unserer Tour, sagte der Mann kleinlaut, hätte ihn bewogen, seine Selbstmordabsicht aufzugeben. Jetzt wisse er wieder, daß es Dinge gebe, für die es sich zu leben lohne.

Als Hüttenwirt habe ich damals jeden Tag mit der Kraxen auf dem Rücken über den Einödsberg ins Tal laufen müssen, um Proviant zu holen. Eines Tages kam ich zur Hütte zurück. Meine Frau war in heller Aufregung. Draußen zog ein Gewitter auf, und die fünf Buben waren verschwunden, die schon seit Tagen bei uns logierten. Ihr Gepäck war noch da. Geld hatten sie schon lange keins mehr und auch nichts zu essen. Trotzdem hatten sie die Trettach-Ostwand machen wollen. Aber das hatte ich ihnen verboten. Ich hatte den Buben, darunter zwei Pfarrerssöhne aus dem Württembergischen, ausdrücklich gesagt, sie sollten absteigen ins Tal. Jetzt drängte sich der Verdacht auf, daß sie heimlich zur Trettach gelaufen waren. „Bei dem Gewitter sind die alle fünf hin. Du mußt sie holen", drängte meine Frau. In der Hütte erkannte ich einen Bergwachtmann. Der kam mir gerade recht.

Am Wegweiser unten an der Trettach habe ich dem Bergwächtler gesagt, hier solle er warten. Ich bin

DEO-
DO-
RANT

weiter zur Ostwand. Aber da war auch niemand. Inzwischen hat es fürchterlich gedonnert und geblitzt. Als ich zurückkam, stiegen die fünf ganz fröhlich den Nordostgrat hinunter. „Euch werde ich schon zeigen, wie man heimgeht", half ich den Buben auf die Sprünge. Im Schweinsgalopp ging es zurück zur Hütte, wo meine Frau den fünf Ausgehungerten erst mal einen Topf Erbsensuppe auf den Tisch stellte.

Die Trettach war vom Waltenberger Haus aus schon immer der beliebteste Kletterberg. Nach dem Krieg waren es vor allem viele Sudetendeutsche, die mich als Führer engagierten, um auf den Gipfel zu kommen. An manchen Tagen hat nach einer Führung unten schon wieder der nächste gewartet. Drei oder vier Überschreitungen am Tag waren keine Seltenheit. Nur einmal habe ich es nicht geschafft und mußte auf halbem Weg umkehren.

Am Tag zuvor war auf der Hütte die Toilette verstopft. Handtücher und alles mögliche Zeug hatte jemand reingeworfen. Also mußte ich mit einem langen Draht stochern. Draußen fragte gerade jemand durchs Fenster: „Was machst denn du da unten?", als sich auf einen Schlag die Verstopfung löste und die ganze Scheiße über mich drüber schwappte.

Zehnmal habe ich mich waschen können und immer noch gestunken. Am nächsten Tag sollte ich dann eine Dame zur Trettach führen. Wie gesagt, auf halber Strecke habe ich es selbst eingesehen, daß es keinen Zweck mehr hatte. Der Wind stand ungünstig und der Gestank war einfach nicht zumutbar.

Ein Abenteuer, auf das ich gern verzichtet hätte, war dennoch ein wertvolles Erlebnis. Wertvoll deshalb, weil in einer Notsituation Kameraden zusammen waren, die perfekt gearbeitet haben, um den bekanntesten Sportkletterer der DDR, den damals 42jährigen Bernd Arnold, nach einem Spaltensturz zu retten.

Im September 1988 gehörte ich zu einer zehnköpfigen Expedition des Deutschen Alpenvereins nach Pakistan, ins Karakorum, dem „schwarzen Gebirge", nordwestlichster Ausläufer des Himalaja, wo riesige Granitwände eine Herausforderung für jeden Sportkletterer darstellen. Unter Leitung von Hartmut Münchenbach aus Pfronten gehörten unter anderem Sportkletterer der Weltspitze, Wolfgang Güllich und Kurt Albert aus Nürnberg, Bernd Arnold aus Hohnstein in der DDR, Wolfgang Kraus, Spitzen-Sportkletterer aus der Pfalz sowie zwei Bergführer-Kollegen zu der Mannschaft. Wir hatten uns in zwei Gruppen aufgeteilt. Ich gehörte zu den fünfen, die den 6257 Meter hohen Nameless Tower angingen.

An dieser fast senkrechten Felsnadel gelang uns am 4. und am 7. September die erste freie Besteigung. Einen Tag später kehrte unsere Gruppe ins Basislager zurück – fix und fertig von den Anstrengungen.

Nach einem Monat extremer Herausforderungen atmeten wir auf – endlich war alles vorbei. Die Plastikschuhe packten wir schon mal in die großen Tonnen, räumten einen Teil der Ausrüstung zusammen und legten uns in die Zelt. Wir warteten noch auf die zweite Gruppe, die den Norweger-Pfeiler angegangen hatte, eine 1500 Meter hohe Granitwand.

Es war gegen 15 Uhr, als ich im Halbschlaf einen Schrei hörte, der nichts gutes verhieß. Wolfgang Güllich, der zur Gruppe am Norweger-Pfeiler gehörte, kam ins Basislager gerannt, total kaputt, kurz vorm Kotzen: „Es ist was passiert", rief er, „Bernd Arnold ist in eine Spalte gefallen". Wir haben sofort das Funkgerät eingeschaltet und die Stimme von Hartmut gehört. Bernd sei 20 Meter tief in eine Spalte gestürzt, am oberen Rand des Eisfeldes, das unter der 1500 Meter hohen Wand liegt. Bernd sei verletzt, aber ansprechbar. Wir sollten alles zu einer organisierten Rettung vorbereiten.

Das trifft uns wie ein Schlag in die Magengrube. Jeder rennt zur Tonne und holt die Plastikschuhe wieder raus. Nach einer halben Stunde ist die Ausrüstung komplett, wir sind abmarschbereit. Der Koch hat noch einen heißen Tee gemacht. Es geht auf die Nacht zu.

Der Anstieg vom Basislager am Gletscher über eine Felsflanke zum Eisfeld unter dem Norweger-Pfeiler ist ein schwerer Gang. Wir sind schnell, aber nicht zu schnell. In über 4000 Meter Höhe kommt man leicht außer Atem. Jeder ist mit seinen Gedanken alleine. Den Gletscher kennen wir inzwischen in- und auswendig. Nach dem Weg schaut keiner mehr. Jeder überlegt sich: Wie sieht's aus? Wird er überleben?

Jeder wird alles geben, das ist klar. Es darf kein Fehler passieren. Bernd hängt von uns ab. Mit unserem Expeditionsarzt Jörg Schneider möchte ich jetzt nicht tauschen. Ich bin als Bergführer gefordert.

Wolfgang Güllich geht vorn weg. Es wird nicht viel gesprochen. Auf dem Eisfeld bin ich der erste, der zum Spaltenrand kommt. Ich traue meinen Augen nicht. Ein Sicherungsseil hängt hinunter. 20 Meter tiefer liegt Bernd. Hartmut und Kurt sind bei ihm. Die beiden befinden sich auf einer Schneebrücke mitten in der Gletscherspalte. Beide müssen gesichert werden für den Fall, daß die Schneebrücke bricht. Zwei Stunden harren Hartmut und Kurt schon bei Bernd aus, der immer wieder schreit, der seine Beine nicht mehr spürt. Jetzt sind sie froh, daß wir da sind.

In knappen Sätzen erfahren wir, wie das Unglück passiert ist: Die Gruppe hatte zwei Drittel dieser gigantischen Wand bereits geschafft, als unter anderem Vereisung und schlechtes Wetter zur Umkehr zwangen. Am Fuß der Wand waren Sicherungen und Seile abgebaut. Die Ausrüstung wurde über das Eisfeld zum Felsabriß über dem Gletscher getragen.

Beim letzten Gang, als Bernd Arnold noch ein Seil holen wollte, rutschte er aus. Ein Materialsack an seiner Hand hatte sich – wie ein Dynamo am Fahrradreifen – entlang des steilen Eisfeldes am Schnee gedreht. Das Seil war um sein Gelenk gewickelt.

Deshalb hatte Bernd sich nicht frei bewegen, sich nicht auf den Bauch werfen können, um den Sturz mit Händen und Füßen abzubremsen. Jetzt lag er auf der Schneebrücke und war froh über Schmerztabletten und warmen Tee.

Für die Bergung bereiten wir eine Porta-Ledge vor, ein Alu-Rahmen mit Nylonmatte, wie man sie in der Wand zum Biwakieren benutzt. Auf dieser Porta-Ledge wollen wir Bernd mit Seilen hochziehen.

Plötzlich passiert das, was ich insgeheim befürchtet habe. Hartmut Münchenbach, Jörg Schneider und ich sind gerade damit fertig, Bernd auf das Gestell zu betten, als wir oben am Spaltenrand einen Schrei hören: Lawine. Es ist so gegen 18 Uhr. Ich schaue nach oben und sehe niemanden mehr, obwohl es erst leicht dämmert. Die anderen sind wohl in Sicherheit gerannt. Wir stehen hilflos in der Gletscherspalte. Es ist still. In dieser Stille hören wir ein Rauschen, das anschwillt – offenbar weit weg. Schier verzweifelt hoffe ich, daß die Lawine nicht mit Eisbrocken die Spalte ausfüllt. „Das kann's doch nicht gewesen sein, dein Leben", denke ich.

Bernd, der im Liegen den Spaltenrand ständig im Auge hatte, bemerkt auf seine trockene Art: „Das überleben wir nicht". Wieder ist das Rauschen zu hören. Weglaufen geht nicht, weil wir auf der Schneebrücke leicht durchbrechen können. In dieser Situation tue ich etwas völlig Irrationales. Ich halte mich an einem Seil fest, als ob mir das nützen würde, wenn die Lawine die Spalte zuschüttet.

Das Rauschen bleibt, wird stärker und wieder schwächer. Plötzlich ist alles vorbei. Wolfgang Güllich, der unten am Fels alles beobachtet hat, war sicher: Da ist alles weg. Jetzt ist er total erleichtert, als er per Funk erfährt, daß nichts weiter passiert ist.

Für mich aber ist etwas passiert. Zum ersten Mal in meinem Leben habe ich gedacht: Jetzt ist's aus. Das überlebe ich nicht. Wenn man mit dem Auto in eine brenzlige Situation kommt, geht das vielleicht in Bruchteilen von Sekunden durch den Kopf, ohne daß man bewußt überlegt. Aber hier in der Gletscherspalte bin ich dagestanden, eine endlos lange Zeit, mußte warten, war hilflos ausgeliefert dem Schicksal. Jeden Moment mußte ich damit rechnen, daß mein Leben vorüber ist. So was hatte ich noch nie erlebt.

Inzwischen können wir wieder zur Tagesordnung übergehen, und die ist auch nicht gerade erbauend.

Mit drei Beckenbrüchen, schweren Rippenverletzungen und keinem Gefühl mehr in den Beinen, kämpft Bernd mit dem Gedanken: „Ich bin ein Krüppel. Ich werde nie mehr klettern können". Der 42jährige, die

Gallionsfigur der Elbsandstein-Kletterer in der DDR, liegt auf der Porta-Ledge. An den Seilen auf beiden Seiten der Spalte ziehen wir ihn nach oben. Aber etwa einen Meter unter dem Eisrand blockiert ein Wulst die Bergung. Als einzige Möglichkeit bleibt, diesen vorspringenden Eisrand abzuhacken. Hartmut nimmt den Pickel. Wie's der Teufel will, fällt einer der Eisbrocken auf Bernd. „Hier bringt ihr mich nie raus", sagt er. Der Eisbrocken hat ihn nicht zusätzlich verletzt. Endlich gelingt es, ihn auf das Schneefeld zu ziehen.

Aber die Bergung ist noch lange nicht abgeschlossen. Wir müssen Bernd noch den felsigen Absturz zwischen Schneefeld und Gletscher hinunterbringen. Es ist Neumond und pechschwarze Nacht. Stirnlampen flackern durch die Dunkelheit. Um 21 Uhr sind wir am Felsabbruch. Noch 200 Meter sind es bis hinunter zum Gletscher. Eindrücke, die ich nie vergessen werde.

Wolfgang Kraus und Kurt Albert richten eine Abseilpiste her mit Standplätzen und Fixseilen, sie schlagen und bohren Haken. Wolfgang Güllich übernimmt die Rolle des Einweisers. Zwei weitere Kameraden hängen an der Porta-Ledge, um das Gestell vom Fels abzuhalten. Hartmut und ich lassen das Seil ab. Der Funk ist unser einziger Kontakt. Sorgfältige Arbeit ist notwendig, weil ein Steinschlag mit tödlicher Sicherheit den verletzten Bernd getroffen hätte, der keine Chance hat, in Deckung zu gehen.

Gegen Mitternacht sind wir auf dem Gletscher. Alle schnaufen tief durch. Entspannung kommt auf. Aus einem Bach füllen wir unsere Flaschen mit Wasser auf. Mit Profilhaken löffeln wir ein Müsli. Die Pause ist bitter notwendig.

Dann bereiten wir uns zum Abmarsch ins Basislager vor. Ein Seil wird in sechs Stücke zerschnitten und jedes Stück an der Porta-Ledge befestigt. Zu sechst wollen wir den Verletzten tragen. Bernd hat seinen trockenen Humor noch immer nicht verloren: „Es tut mir leid, daß ich nicht mittragen kann".

Der Marsch wird zur Qual. In dem mit Geröll übersäten Gelände kann einer allein schon nicht gut laufen. Dicke Brocken liegen dort im Weg, wo wir eine zwei Meter breite Spur bräuchten. Wir sind alle total fertig. Alle paar Meter müssen wir wechseln und vor allem Pause machen. Das geht nicht immer, denn dazu brauchen wir einen flachen Stein, um Bernd abzulegen. Die Stirnlampen gehen langsam aus.

Bei der Rast schalten wir das Licht aus. Auch in diesem Zustand totaler Erschöpfung empfinde ich noch die Natur um mich herum. Auf viele Kilometer sind wir die einzigen Menschen. Über uns wölbt sich ein sternenklarer Nachthimmel. Das Band der Milchstraße ist so deutlich wie nie im Tal.

Gegen 4.30 Uhr ist das Basislager erreicht. Bernd wird ins Küchenzelt getragen und versorgt. Dann gehen alle ins Bett. Nach drei Stunden Schlaf ist wieder Tag. Bernds Zustand ist kritisch und verschlechtert sich. Er schwillt zusehens auf und ist kaum noch ansprechbar. Jörg Wilz, ein Bergführer-Kollege, nimmt den vierstündigen Gewaltmarsch auf sich zum nächsten pakistanischen Militär-Camp, um von dort über Funk Hilfe zu holen. Die Soldaten wollen keine feste Zusage geben.

In der Nähe des Basislagers bauen wir derweil einen Landeplatz. Das dreistündige Steineschleppen wird zum Tiefpunkt der Expedition. Wir zweifeln, ob Bernd diesen Platz noch lebend verlassen wird.

Gegen Nachmittag verbessert sich sein Zustand. Wenig später kommt über Funk die Nachricht, ein Hubschrauber werde geschickt, sobald es der Dienstplan erlaube. Jedesmal, wenn irgendwo das Dröhnen eines Helikopters zu hören ist, denken alle: „Jetzt ist es soweit". Aber zweieinhalb Tage lang hören wir nur Hubschrauber, die Militär-Einrichtungen in dieser gottverlassenen Gegend versorgen.

Nach schier endlosem Warten plötzlich nicht nur das Knattern von Rotorblättern, sondern auch die Silhouette eines Hubschraubers, der auf uns zufliegt und landet.

Als der Pilot aussteigt und erkennt, daß das Basislager 30 Meter tiefer in einer Senke liegt, will er sofort wieder abfliegen. Sein Begleiter will Hartmut in den Hubschrauber einladen, weil er eine Schramme im Gesicht hat. Als wir den beiden Piloten erklären, daß unser Schwerverletzter erst noch transportfähig gemacht werden muß, bedarf es aller Überredungskunst, die Pakistani am sofortigen Abflug zu hindern.

Als Bernd endlich am Hubschrauber ist, hat der Pilot eine neue Hiobsbotschaft: Für unseren Arzt sei kein

Platz in der kleinen Maschine. Die Rotoren drehen schon auf vollen Touren, als der Pakistani nochmal die Türe öffnet und ein Zeichen gibt: Der Arzt darf doch mit. Für Dr. Jörg Schneider geht das jetzt auf einmal sehr schnell. Irgendjemand wirft seinen Rucksack in die Maschine. Für ihn ist die Expedition von einer Sekunde zur anderen beendet.

Bernd Arnold war sechs Tage nach dem Unfall in Deutschland. Ich habe ihn im Dezember in der DDR besucht. Seine Beckenbrüche sind ausgeheilt. Ein Knochensplitter hatte den Nerv für seine Beine getroffen. Auch da ist Besserung zu erkennen. Wir gingen spazieren. Bernd zeigte mir sein „Revier" im Elbsandstein. Irgendwann wollen wir wieder mal zusammen klettern.

Während der Bundeswehrzeit bin ich eigentlich draufgekommen, daß Bergführer ein ganz guter Beruf wäre. Damals war ich beim Hochgebirgszug in Mittenwald. Aber bei der Bundeswehr wollte ich nicht bleiben. Da traf es sich gut, daß ich einen Kameraden in der Kompanie fand, mit dem ich gern zum Klettern ging. Das war Franz Seeberger, der eigentlich aus Leutkirch stammt, aber doch ein Allgäuer war.

Es war am 13. Januar 1969. Wir planten eine Winterbesteigung, die gleichzeitig eine Geburtstagstour für Franz sein sollte. Weil wir im Dienst nur einen Tag Zeit hatten, suchten wir uns irgendeine Route heraus, auf irgendeine Nadel. Normal wäre es üblich gewesen, daß wir eintragen, wo wir hingingen. Aber wir wußten nicht, ob wir die Tour schaffen könnten. Deshalb ließen wir die Eintragung weg. Heute weiß man natürlich, wie wichtig es ist, wenn andere wissen, wo man steckt, falls etwas passiert.

An diesem Januartag sind wir also zeitig eingestiegen. Es war kalt und die Route schwer. Recht und schlecht kamen wir vorwärts. Wir hatten nur die leichte Ausrüstung der Bundeswehr dabei, die nato-oliv-grünen Hosen zum Beispiel. Schließlich wollten wir abends zurück sein. Die Route wurde immer schwerer. Die Zeit schlich davon.

Dann ist es passiert. 20 Meter unter dem Gipfel kamen wir an einen leichten Überhang. Es war sehr kalt, und ich war beim Vorstieg. Wir mußten mit Hilfsmitteln arbeiten. Ich versuchte, an einer Felsnase eine Strickleiter zu fixieren. Als ich die Strickleiter belastete, brach sie raus und ich stürzte. Das war eigentlich relativ harmlos, weil die Wand überhängend war. Aber immerhin bin ich sehr erschrocken. Weil es die letzten 50 Meter bis zum Gipfel waren, habe ich es noch zweimal probiert. Jedesmal stürzte ich wieder ins Seil. Franz zeigte Einsicht: „Wir müssen biwakieren".

Was blieb uns also anderes übrig, als seine Geburtstagsparty auf ein Biwak zu verlegen – 20 Meter unter dem Gipfel auf einer schmalen Felsrippe. Weil wir dafür nicht ausgerüstet waren, mußten wir versuchen, wach zu bleiben. Dabei stellten wir uns vor, wie schön es unten sein könnte bei einem Schoppen Wein. Wie wir später erfuhren, herrschte inzwischen drunten in der Kaserne einige Aufregung, weil wir den Zapfenstreich überzogen hatten.

So verbrachten wir also die Nacht – frierend und ohne Schlaf. Am Morgen schließlich ging ich die Stelle nochmal an, mit mehr Sicht und ohne Zeit-

druck. Dann schaffte ich es plötzlich auch ohne Leiter. Über das Damkar gingen wir zurück und marschierten so gegen 11 Uhr in die Kaserne ein. Dort warteten wir auf das unausweichliche Disziplinarverfahren. Schließlich wurden wir zum Chef vorgeladen. Unsere größte Sorge war, daß eine Ausgangssperre am Wochenende uns vom Klettern abhalten könnte. Aber der Chef hat gewußt, daß wir gute Skilangläufer waren. Deshalb wurden wir nur dazu verdonnert, dem Hauptmann für ein bevorstehendes Rennen die Langlaufski zu präparieren.

S*o kalt wie in Mittenwald war es nicht immer. In früheren Tagen ging es manchmal ganz schön heiß her. Zu Anfang unserer Kletterei gab es immer Fahrprobleme. Am Wochenende drängte alles ins Tannheimer Tal. Wir hatten damals einen kleinen Lloyd, so einen Leukoplastbomber. Kameraden, wie wir waren, haben wir alles und jeden mitgenommen. Die Kiste wurde jedesmal bis zum Anschlag belastet. In den Südwänden lockten uns viele schöne Touren. Später auf der Tannheimer Hütte wurde gefeiert. Nach solchen Feiern hetzten wir wie die Wilden runter nach Nesselwängle, wo der „schnelle" Lloyd wartete. Mit anderen Spezln fuhren wir dann Rennen. Unser Lloyd gegen einen VW über's Oberjoch. Dabei merkten wir nicht, wie der Karren heiß wurde. In Hindelang plötzlich qualmte der Wagen. Wir stürzten aus dem Lloyd raus und in einen Graben. Wir hatten Angst, der könnte explodieren. Aber Paul beruhigte uns: „Der kann nicht explodieren".*

Wir versuchten schließlich, mit Sand zu löschen. Aber

der Wagen brannte aus. Das war für uns ein großer Verlust. Zuvor hatten wir die Kletterausrüstung herausgeholt. Denn die war für uns wichtiger als das Löschen und die eigene Gesundheit. Am nächsten Tag mußte der Lloyd abgeschleppt werden. Er war nur noch Schrott. Depression machte sich breit. Denn ohne eine Sechser-Tour am Sonntag, war die ganze Woche nichts wert. Seit ich eine Familie habe, bin ich ruhig geworden. Andere haben das nicht geschafft. Die sind immer noch ganz heiß.

Richtig heiß wurde uns vor langer Zeit am Gimpelhaus. Da war ich mit davon betroffen, als die Unterkunft ausbrannte. Ich leitete damals einen Kletterkurs für die Alpenvereins-Jugend, Buben und Mädchen zwischen 10 und 16 Jahren. Wir kamen abends von einer Tour zurück ins Gimpelhaus. Alles war high. Wir redeten noch über den Tag und machten Spiele. Beim Abendessen vertieften wir uns in eine Tourenbesprechung, als plötzlich ein Schrei ertönte: „Das Haus brennt". Gut aufgelegt, wie wir waren, dachten wir zuerst natürlich an einen Scherz. Aber dann gingen die Lichter aus. Innerhalb kurzer Zeit herrschte völliges Chaos. Ich schaffte gerade noch unsere Gruppe aus der Hütte raus, als auch schon alles lichterloh brannte: Ausrüstung, Ausweise, Geld, Gewand. Unser Lager war unter dem Dach. Da gab es nichts mehr zu retten.

Irgendwie bemerkte ich dann, wie es oben noch rumorte. Da war noch ein Bub oben. Über Wasserschläuche ließ ich ihn schließlich runter. Nochmal Glück gehabt. Dann sahen wir machtlos zu, wie alles verbrannte. Ein Teil der Gruppe übernachtete auf der Tannheimer Hütte, der Rest nebenan in einem alten Schafstall.

Am nächsten Tag wurden die Eltern verständigt. Ein Hubschrauber brachte die Kinder ins Tal. Das war für sie Entschädigung und Abenteuer. Auf den Flug waren alle ganz heiß. Nur mit denen, die noch Schuhe hatten, machte ich eine Tour zum Luitpoldhaus. Das war fast so schön wie Fliegen.

Heute können sich vermutlich viele Menschen nicht mehr vorstellen, wie es früher so zuging in den Bergen. Wie man überhaupt ins Gebirge kam. Es war um das Jahr 1945, also nach dem Krieg, als ich mit dem Bergsteigen anfing. Damals gab es so gut wie keine Autos. Ein Jahr lang ging auch kein Zug von Kempten nach Oberstdorf, nicht einmal Omnibusse gab es. Ich arbeitete als Mechaniker in Kempten. Damals mußte man bis Samstagmittag, 12 oder 14 Uhr, arbeiten. Für das Wochenende und die Berge blieb Zeit bis Montagfrüh. Es gab auch keinen längeren Urlaub: Sechs Tage – und da wurde der Samstag noch mitgezählt.

Bei mir im Betrieb fand ich einen Freund. Wir begannen bald mit regelmäßigen Touren. Schnell waren wir eine Clique, von der immer sechs bis zehn Mann am Wochenende nach Oberstdorf starteten. Und zwar mit dem Fahrrad, den Rucksack im Gepäckträger hinten drauf. Als Verpflegung hatten wir meist etwas Kartoffelsalat im Kochgeschirr. Wegen der relativ kurzen Anfahrt war das Oytal bald unser Hauptziel. Wir kletterten im wesentlichen die verschiedenen Routen an den Höllhörnern und an den beiden Wilden.

Aber sogar das Fahrrad hatte so seine Tücken. Eines Tages wollte ich mit Armin wieder einmal den Höllhorn-Südgrat machen. Kurz vor der Abfahrt mit den Rädern stellte sich heraus, daß die Bereifung seines Vehikels das Zeitliche gesegnet hatte und mit keinem Mittel mehr zu reparieren war. Neue Reifen hätte es nur auf Bezugsschein gegeben, und Bezugsscheine fanden kaum den Weg zum Normalverbraucher.

Uns blieb nichts anderes übrig, als die beiden Rucksäcke auf ein einziges Fahrrad aufzuladen. So fuhren wir los – einer vorne auf der Stange, der andere mußte in die Pedale treten. Wir schafften es bis zum Oytalhaus und am nächsten Tag auf die gleiche Weise – mit dem Treten abwechselnd – wieder zurück. Später wollten wir auch mal andere Berge als die vom Oytal kennenlernen. Und da zog es uns natürlich in Richtung Trettachspitze. Ausgangspunkt für alle Klettereien dort war schon immer das Waltenberger Haus, das man von Einödsbach aus erreicht.

Der Haberstock Bene als Hüttenwirt verlangte damals von jedem Gast als Obulus, ein großes Scheit Holz von Einödsbach mit heraufzutragen. Ich kannte keinen, der es gewagt hätte, den eigens dafür aufgestapelten Holzstoß mit dem Zettel „Jeder nimmt oin Prügel mit“ zu ignorieren.

Eines Tages hat uns der Einödsbach-Wirt abgefangen und uns den Auftrag erteilt, statt Holz eine Ziege mitzunehmen. Wir kamen nur mühsam voran, denn die Ziege wollte nicht immer so wie wir. Bis wir dann auf einen Trick verfielen.

Wir hatten gehört, daß Ziegen gern Salz schlecken. Und da dachten wir, unser Schweiß ist ja auch salzig. Da haben wir dann die Wadenstrümpfe heruntergerollt. Die Ziege begann tatsächlich, begeistert an den Waden des Vordermannes zu lecken. Der mußte dann möglichst schnell gehen – halt so, daß die Ziege gut nachkam. Auf diese Weise gelangten wir schließlich doch recht flott zum Waltenberger Haus.

Nachdem wir im Allgäu die wichtigsten Touren zum Teil schon mehrmals gemacht hatten, wurde der Wunsch immer größer, auch mal in die Berge von Österreich zu kommen. Wir wollten Gletscherberge kennenlernen, von denen wir schon so viel gehört hatten, die uns selbst aber bis dahin unbekannt waren. Irgendwann tauchte ein Gerücht auf, daß man trotz der total gesperrten Grenze mit dem Wohlwollen der österreichischen Grenzbeamten rechnen dürfe, wenn man nur bis Elbigenalp im Lechtal käme. Dort würde einem womöglich dann mit Omnibussen weitergeholfen bis in die Zentralalpen des Ötztals und des Stubais.

Da dies recht verlockend klang, wollte ich es auch selbst ausprobieren. Während meines Jahresurlaubs ging ich über die Kemptner Hütte zur Hermann-von-Barth-Hütte. Dort ließ ich mir von den Wirtsleuten alles nochmals genau erklären. Sie bestätigten die Richtigkeit des Gerüchts und beschrieben den weiteren Weg.

Am nächsten Morgen bin ich dann abgestiegen in

Richtung Elbigenalp. Mein Herzklopfen als illegaler Grenzgänger nahm umso mehr zu, je näher ich dem Bergdorf kam. Aber in gleichem Maße, wie mir mein Gewissen wegen des verbotenen Grenzübertritts zusetzte, trug ich ein äußeres Selbstbewußtsein zur Schau. Ich folgte genau den Anweisungen des Hüttenwirts. Forsch bog ich beim ersten Haus um die Ecke zum rettenden Gasthaus, als im gleichen Moment zwei österreichische Grenzer auftauchten. Ich habe versucht, möglichst harmlos dreinzuschauen und mich an denen vorbeizuschwindeln.

Aber das hat nichts genützt. Die haben mich offenbar gleich als einen Fremden im Tal erkannt. Sie nahmen mich mit auf die Wache. Dort erfuhr ich, daß das ganze Tal voller französischer Besatzungstruppen sei. Wenn ich denen in die Hände fiele, müßte ich für Wochen in den Knast, hieß es. Eigentlich müßten sie mich da behalten und den Franzosen übergeben. Nach stundenlangem Hin und Her konnte ich den Grenzern die Zustimmung abringen, daß sie mich laufen lassen, falls ich sofort wieder zurück nach Deutschland ginge.

Das wollte ich auch. Aber kurz vor der Grenze kam ich fast oben am Gratkamm an einer bewirtschafteten Alpe vorbei. Der Wirt war ein Tiroler Hirt, der mir ein Nachtlager anbot. Am nächsten Tag wollte er mir einen Weg ins Lechtal zeigen. Die Hütte war aus vielerlei Gründen richtig romantisch. Zum einen hatte der Hirt ein Murmeltier so weit gezähmt, daß es jeden Abend zur Hütte kam, um ein Schälchen Milch zu trinken. Zum anderen war das Gemäuer so undicht, daß am Abend aufkommender Nebel auf *der einen Seite beim Giebel in die Hütte hereinzog und auf der anderen Seite wieder hinaus. Um das Haus abzudichten, hatte der Hirt jeden Tag frischen Dung in die Ritzen geschmiert. Damit, so erzählte er, habe er schon erhebliche Fortschritte erzielt.*

Von meinem Urlaub waren schon zwei Tage vergangen, als ich dem Rat des Hirts folgend über die Wiesen direkt ins Lechtal abstieg. An der Lechbrücke sollte ich auf französische Posten achten. Wenn die Luft rein sei, könnte ich über Madau auf die Memminger Hütte. Der Tip war gut. Die Strecke ist übrigens heute noch Teil des Fernwanderweges von Oberstdorf nach Meran. Auf der Memminger Hütte kam die Überraschung am nächsten Tag in Form von 30 Zentimeter Neuschnee. Ich blieb noch einige Tage auf der Hütte, und dann mußte ich zurück zur Arbeit. Das war mein erster Versuch, in ausländische Alpenregionen zu gelangen.

Anfang der 60er Jahre war es in der Kurzschule in Baad üblich, daß gelegentlich eine Tour nach Krumbach führte in den Bregenzer Wald. Auf dem Weg über den Hochalppaß hatten wir immer einen Hintergedanken: Wir wollten Virginias schmuggeln. Zuvor riefen wir im Gasthaus Adler an: „Legt uns 30 Schachteln zurecht".

Es war schon September, kalt und sehr neblig, als wir, drei Bergführer und eine Jugendgruppe, über das Bärgundtal nach Krumbach marschierten. Am Tag zuvor hatte es geschneit. In dem dichten Nebel war kaum etwas zu sehen. Aber wir kannten den Weg fast im Schlaf. Also kamen wir gut im Adler an und kehrten ein. Die Virginias lagen schon bereit. Ein Gläschen Tiroler Wein hat man sich gegönnt und eine Speckjausen, wie die da drüben sagen. Beim Rückweg dann über den Hochalppaß hörte ich auf einmal so komische Laute. War das der Wind? Durch die Bäume tönte es ganz leise, als ob ein Hund jault. Dann waren die Laute wieder weit weg, fast schon unheimlich. Auf dem Pfad hinunter zur Mittelalp war es dann wieder zu hören. Es kam aus Richtung Widderstein. Manchmal klang es wie gleich nebenan, dann wie ganz weit weg. Es hatte schon seit Tagen schlechtes Wetter. Ein Hund konnte es kaum sein.

Um der Sache auf den Grund zu gehen, liefen wir ein paar Schritte in die Richtung, wo die Laute herkamen. Plötzlich entdeckten wir eine Frau in Kauerstellung im Schnee. Sie hatte ein Tuch über den Kopf gezogen und war nicht mehr ansprechbar. Im Unterbewußtsein stieß sie die Laute aus, die vom Wind in alle Richtungen getragen wurden. Wir packten die Frau in einen Biwaksack und trugen sie das erste Stück runter. Dann nahmen wir ein Akja und brachten sie schließlich nach Oberstdorf ins Krankenhaus. Als die Frau später zu sich kam, stellte sich heraus, sie war ein Kurgast aus dem Norddeutschen. Drei Tage zuvor war sie zum Widderstein aufgestiegen und dabei vom schlechten Wetter überrascht worden. Deshalb hatte sie sich in den steilen Rinnen verstiegen und wußte schließlich im dichten Nebel nicht mehr wohin. Sie hatte sich bereits aufgegeben, aber im Sitzen halt wenig Energie verbraucht. Die unterbewußten Schreie haben ihr das Leben gerettet.

Nachdem unser kleines Nebengeschäft mit den Virginias so positive Auswirkungen hatte, brauchten wir künftig beim Schmuggeln kein schlechtes Gewissen mehr haben.

Dienstag Nachmittag landet die zweimotorige Maschine auf dem Flugplatz in Sion im Wallis in der Schweiz. Dr. Herbert Kunze, ein deutscher Industrie-Manager, fährt anschließend mit einem Taxi nach Zermatt. Wir treffen uns wie verabredet im Hotel. Etwas abgekämpft sitzt der Firmenboß im Sessel der Empfangshalle. Beim gemeinsamen Abendessen wird erzählt von Bergtouren, über Familie und Firma. Gesprächsthemen, die nach gemeinsamen Touren wie Watzmann Ostwand, Dom oder Mont Blanc die zwei ehemalige Partner – Bergführer und Gast – zu Freunden verbinden. Am Abend mehrmals der Blick zum Matterhorn, das mit den letzten Sonnenstrahlen 4476 Meter in den Abendhimmel ragt.

Nach einer angenehmen Nacht ein ausgedehntes Frühstück auf der Sonnenterrasse mit dem Blick auf den Traumberg. Mittags bringt uns die Schwarzseebahn an den Fuß des Berges. In knapp zwei Stunden, nach überwinden vieler Kehren, erreichen wir die Hörnlihütte in 3200 Meter.

Von Franz, dem Hüttenwirt, werden wir freundlich empfangen und bekommen ein schönes Zimmer für die Nachtruhe. Das Matterhorn steht gigantisch wie ein fast unnahbarer Riesenturm hinter der Hütte. Einzelne Lichter geben Signale von Bergsteigern, die am selben Tag den Abstieg zur Hütte nicht mehr schaffen und sich auf eine Biwaknacht einrichten. Die Augen meines Freundes werden immer größer. Ich spüre in ihm eine nervliche Anspannung, schon fast Angstgefühle. Diese Unruhe dauert bis zur Dunkelheit. Wir nehmen noch ein Glas Dôle zu uns und legen uns zeitig schlafen. Schon nach kurzer Zeit höre ich im Zimmer ein Rumoren. Herbert steht auf, geht zur Toilette und legt sich wieder ins Bett. Es dauert nicht lange, dann greift er nach seinem Rucksack, sucht Kopfschmerztabletten und etwas zum Trinken. Dann folgt wieder der Gang zur Toilette – und das wiederholt sich in Abständen.

Diese Probleme bekomme ich meistens mit. Ich überlege. Sobald ich mich wach zeige, erklärt er mir seine Schwierigkeiten in folgender Form: Ich habe die ganze Nacht nicht geschlafen, ich habe Kopfschmerzen und Durchfall, ich schaffe den Berg nicht und möchte früh morgens wieder absteigen.

Kein Wunder für mich. Herbert war einen Tag vorher noch in Düsseldorf auf einer Vorstandssitzung, flog anschließend mit einem Flugzeug nach Sion, stieg über Zermatt schnell zur Hörnlihütte auf 3200 Meter. Das kann nicht gut gehen. Aber körperlich ist Herbert stark und ein guter Kämpfer. Ich muß ihn dazu überlisten, einen Versuch zu starten.

Um 3 Uhr ist allgemeines Wecken. Ich schüttle Herbert am Arm und sage, er soll gleich aufstehen, seine Bergkleidung anziehen und anschließend in den Gastraum zum Frühstück kommen. Dann bin ich aus dem Zimmer verschwunden. Ich geb ihm keine Zeit, um die Probleme der Nacht loszuwerden. Wie gerädert kommt Herbert zum Frühstück. Ich stelle ihm Tee, Weißbrot, Marmelade und Käse auf den Tisch und sage, er möge sich beeilen, wir müssen mit den ersten Seilschaften einsteigen. Dann verschwinde ich wieder.

Sein Appetit ist gleich Null. Nach kurzer Zeit komme ich wieder, knote ihn beim Frühstückstisch an mein Seil. Helm und Stirnlampe werden aufgesetzt. Dann kommt nur noch das Kommando, jetzt müssen wir gehen, und wenige Minuten später stehen wir im Dunkeln vor der Hütte. Wieder keine Zeit für Probleme.

Langsam, Schritt für Schritt, tief atmend, gehen wir zum Einstieg. Die ersten Schwierigkeiten werden noch bei Dunkelheit überwunden. Bewußt langsam klettern wir höher. Mit der aufgehenden Sonne erwachen seine Lebensgeister. Die Probleme der Nacht sind fast vergessen, der Gipfel kommt in erreichbare Nähe. Nach vier Stunden Kletterzeit ist für Herbert ein großer Wunsch in Erfüllung gegangen, der Gipfelsieg. Ohne viele Worte genießen wir den Blick zu den Viertausendern in der Umgebung.

Anfang 1989 brach eine Gruppe Oberallgäuer auf zu einer Expedition nach Südamerika. Als Bergführer hatte ich den Männern den 7035 Meter hohen Aconcagua versprochen. In der Zeitung stand nachher, Oberstdorfs Bürgermeister Eduard Geyer hätte den Gipfel geschafft. Aber da waren noch mehr nette Herren dabei. Anekdoten gäbe es genug zu erzählen. Das größte Pech hatte Paul. Auf dem Weg vom Basislager zum nächsten Depot auf 5200 Meter Höhe begann er zu „pfeifen". Deshalb wurde der Doktor hellhörig und horchte ihn ab. Wie sich herausstellte, hatte Paul ein bißchen Wasser in der Lunge. Ein Höhenödem war im Anzug. Also gab es für ihn nichts anderes, als schnell wieder hinunter in verträglichere Höhenlagen.

Wir warteten, bis am Mittag die Gauchos mit ihren Mulis neue Lasten brachten. Dann erklärte ich dem Ober-Gaucho, daß Paul hinunter muß. Allein hätte er einen 40-Kilometer-Tal-Hatsch auf sich nehmen müssen.

Also wurde ein Pferd bereitgestellt, ein weißes Pferd. Aus Draht, einer Liegematte und Reepschnüren fa-

brizierten wir einen Sattel und setzten Paul auf den Gaul. Der Schimmel wurde dann hinten am Pferd des Ober-Gauchos angebunden. So ritt die Karawane schließlich bergab.

Nur ein Muli parierte nicht so wie die anderen. Es lief immer abseits. Das wurde dem Gaucho schließlich zu bunt. Er ritt dem Muli hinterher – mit Paul und dem Schimmel im Schlepptau. Das eigenwillige Muli aber ließ sich nicht zur Ordnung rufen.

Schließlich stieg der Gaucho ab von seinem Pferd und sammelte kleine Steine. Paul wunderte sich schon, was das sollte. Doch auf einmal zog der Gaucho eine Schleuder raus. Sein Gaul stellte schon die Ohren, weil es jetzt dem Muli ans Fell gehen sollte. Doch wie's der Teufel will, schoß der Gaucho anstatt auf das Muli dem eigenen Pferd ans Ohr.

In seinem Schreck machte das Tier einen Satz und rannte los wie wild. Unser Paul war immer noch hinten angebunden. In seinem improvisierten Sattel hielt er den Galopp nicht lange durch. Er fiel runter, blieb aber mit einem Fuß im Steigbügel hängen.

Irgendwann muß das Pferd den Unfall bemerkt haben. Jedenfalls blieb es stehen. Aber da war es schon zu spät. Paul hatte überall blaue Flecken und schwere Prellungen. Das Ödem war zwar geheilt, aber sein Hintern tat ihm nun sakrisch weh. Unten im Dorf ließ er sich versorgen. Dann schrieb er Ansichtskarten nach Hause und unterzeichnete in Anbetracht seiner heiklen Blessuren mit „Pauline".

Bergführer – was ist das für ein Beruf? Was sind das für Leute? Wenn man die Geschichten so liest, könnte man meinen, das sei eine Mischung aus Naturbursche, Abenteurer und Sportler. Dem sollte man einmal auf den Grund gehen. Anderl Heckmair hat im Vorwort schon in aller Knappheit die Entstehung des Bergführerberufes skizziert. Bis nach dem Zweiten Weltkrieg hat sich das traditionelle Bild des Bergführers erhalten; des autorisierten Führers, muß man sagen, um genau zu bleiben. Er wurde vom Alpenverein ausgebildet, legte dort eine Prüfung ab, und das Landratsamt oder die Bezirkshauptmannschaft „autorisierte" ihn – was weniger gebildete Zeitgenossen denn auch bequemerweise mit motorisieren verwechselten.

Dann wurde sein Name auf die Führertafel geschrieben, meist mit seinem Hausnamen. Das hieß dann zum Beispiel Rees Otto vulgo Logelar; der war übrigens Anderl Heckmairs Schwiegervater. Dann setzte sich der Führer auf das Führerbankl und harrte der Herren, die da kommen sollten. Das ging im Sommer so an die zwei Monate meist ganz gut, zu gut oft. Aber dann war es in der Regel aus. Der Wintersport wurde erst langsam entwickelt, und viele der alten Führer lernten nicht Skifahren.

Es bildete sich eher der Typ des Bergführers (Sommer), der auch Skiführer (Winter) war, heraus. Der Skilehrer war und ist ein eigener Beruf. Freilich, ganz gute Führer mußten meist nicht auf dem Führerbankl hocken und warten. Sie hatten ihre Klientel. Oft waren das Leute aus bestem Bürgertum, aus Adel und Hochfinanz, denen sie – Persönlichkeiten wie sie waren – ebenbürtig und gleichberechtigt im Gebirg eben führend zur Seite standen.

Die Vorstufe waren der Träger und der Aspirant. Mancher blieb Träger sein Leben lang. Oft ging der Führer dem „Herren" voraus, der Träger folgte. Der Träger ist ausgestorben, den Anwärter gibt es noch. Noch nach dem Krieg saßen da und dort – auch in Oberstdorf – Führer auf dem Bankl.

Auf den Bergführertagen, die noch von der zuständigen „Aufsichtssektion" des Alpenvereins abgehalten werden mußten – für das Allgäu war dies die Sektion Allgäu-Kempten –, pflegte man die Erinnerung an die Vergangenheit. Die Zukunft dieses Berufes jedoch schien düster.

Anfang der 60er Jahre nahmen ein paar entschlossene Männer die Dinge in die Hand. Von Bergführerseite war dies in erster Linie Anderl Heckmair, vom Alpenverein Erwin Kellerhals, der langjährige ehrenamtliche Ausbildungsreferent. Heute ist der Bergführer ein Fachsportlehrer mit entsprechender Ausbildung, die in Zusammenarbeit mit Alpenverein und Bergführerverband von der Technischen Universität München organisiert wird. Nach dieser Ausbildung, die auf mehrere Kurse über mehrere Jahre verteilt ist, damit der Kandidat auch zu allen Jahreszeiten am Berg ist, erfolgt vor einer staatlichen Kommission, bei der wiederum Alpenverein und Bergführerverband vertreten sind, eine recht schwierige Prüfung.

Zum Idealbild des Bergführers gehört natürlich auch, daß er ein hervorragender Bergsteiger im Sommer und im Winter ist, und daß er alle Sparten des Bergsteigens mit allem was dazu gehört, zum Beispiel Wetterkunde und Erste Hilfe, beherrscht.

Dann sollte er gute pädagogische Fähigkeiten haben, um sein Wissen und Können zu vermitteln. Er muß Autorität besitzen, muß sich durchsetzen können. Er sollte Unterricht in Praxis und Theorie erteilen können, muß Einzelpersonen und Gruppen führen, und das im In- und Ausland. Also sollte er auch Sprachen können. Er muß mit Behörden, die irgendwo im Busch oder in der Wildnis hausen, verhandeln können und mit Trägern, die außer ihrem Dialekt kein Wort verstehen. Und dann sollte er über Geschichte und Kultur des Landes noch etwas wissen. Ein wahrer Tausendsassa! Aber solche Leute gibt es nicht zu wenige. Während früher die Bergführer sich fast ausschließlich aus ortsansässigen bäuerlichen Berufen rekrutierten und erst in den 30er Jahren auch „Stadterer" auftauchten, kommen die Bergführer heute aus allen Berufen. Nicht wenige sind Studierte. Dazu muß man wissen, daß Bergführer sein ein schwerer Beruf ist. Keineswegs kann jeder ihn als Vollberuf ausüben. Und diejenigen, die das tun, stehen stark im Geschirr. Trotzdem ist Bergführer heute kein reiner Männerberuf mehr. 1988 hat die erste Deutsche das Diplom als Bergführerin erhalten.

Bergsteigen ist eine vielfältige, weltweit ausübbare Tätigkeit. Bergführer zu sein, ist ein schöner Beruf. Viele meinen, es sei ein Glück, das zu sein.

Dr. Fritz März

Erster Vorsitzender des Deutschen Alpenvereins

Eduard Bußjäger, *geboren am 25. Januar 1933 in Oberstdorf. Nach einer Berufsausbildung als Schuhmacher ließ sich Bußjäger umschulen und ging zum Bau. Schon seit der Jugend aber galt sein Hauptinteresse den Bergen. Bereits Anfang der 50er Jahre war der Oberstdorfer schon nebenzu als Skilehrer tätig. 1962 erhielt Bußjäger die Lizenz als Bergführer. Seit 1966 ist er staatlich geprüfter Skilehrer und seit 1974 auch staatlich geprüfter Skilanglauflehrer. Bußjäger war Mitglied in den Lehrteams von Bergführerverband und Deutscher Berufsskilehrerverband. Bei seinen Touren hat Bußjäger sich spezialisiert auf die Alpen, auf Routen auch im VI. und VII. Schwierigkeitsgrad. Dazu gehören auch extreme Skitouren. Seit 1981 betreibt Eduard Bußjäger die Alpin- und Bergwanderschule Oberstdorf. Nebenzu arbeitet er noch als Trainer des Langlauf-Nachwuchses im Skiclub Oberstdorf.*

Thomas Dünsser, *geboren am 22. Mai 1954 in Oberstdorf. Nach der Schulzeit absolvierte er eine Ausbildung als Koch und Hotel-Kaufmann. Aber schon während der Schulzeit hatte Dünsser ein Erlebnis, das sein weiteres Leben prägen sollte: Die Ausstellung von Harrer über Tibet, dazu ein Vortrag von Heckmair über die Erstbesteigung der Eiger-Nordwand. In seiner Freizeit war er Skispringer und Skilangläufer. 1976 leistete Dünsser seinen Militärdienst. Danach hatte er Zeit für Bergtouren. Bis 1980 hatte er alle Routen durchklettert, die Führer in den Alpen als lohnenswert beschreiben. Dies war gleichzeitig seine Vorbereitung für die staatliche Prüfung als Berg- und Skiführer, die Dünsser 1982 ablegte. In diesem Jahr schaffte der Oberstdorfer innerhalb von zweieinhalb Monaten 30 Viertausender, unter anderem die Matterhorn-Nordwand in viereinhalb Stunden im Alleingang. Nach 1982 organisierte er Auslands-Bergfahrten. In Kanada, Equador, Peru, Venezuela und in Nordamerika war er mit deutschen Gästen unterwegs auf den höchsten Gipfeln und bei abenteuerlichen Durchquerungen.*

Martin Engler, geboren am 29. November 1962 in Saarbrücken, kam im Alter von zwei Jahren mit seinen Eltern ins Allgäu. Nach der Schulzeit lernte Engler Heizungsbauer. 1978 trat er der Oberstdorfer Bergwacht bei. 1983 begann er mit ersten Führungen für die Alpin- und Bergwanderschule. Zu dieser Zeit war Engler bereits Jugendleiter der Alpenvereins-Sektion Oberstdorf. 1987 legte er die staatliche Prüfung als Berg- und Skiführer ab. Seit 1987 ist er Mitglied im Jugendleiter-Schulungsteam des DAV. Skitouren führen ihn vom Allgäu bis zum Mont Blanc. Im Sommer machte Engler unter anderem an der Marmolata Ombretta die Routen Schwalbenschwanz und Don Quichote. Im Tourenbuch stehen Monte Rosa Ostwand, Dent d'Herens-Nordwand und andere Klettereien zur Vorbereitung auf die Expedition zum Changtse im Himalaja 1982. Eine andere Spezialität Englers ist das Eisklettern, zum Beispiel am Gaisalpfall bis zu 90 Grad. 1986 war Engler Mitglied einer Expedition nach Peru, wo er zwei 6000er bestieg. Seine Hobbys liegen nicht weit entfernt vom Bergsteigen: Höhlenforschung im Sommer und Lawinenkunde im Winter.

Toni Freudig, geboren am 17. März 1959 in Pfronten. Nach der Schulzeit Werkzeugmacher. Mit elf Jahren erste Klettertouren. Die erste IVer-Tour als 16jähriger war die Nordostwand am Aggenstein. Seit 1977 Mitglied der Bergwacht. Er macht heute noch Dienst und ist als Ausbilder tätig. 1982 staatliche Prüfung als Berg- und Skiführer. 1985 auch staatlich geprüfter Skilehrer. In seinem Tourenbuch stehen die Matterhorn-Nordwand und Les-Courtes-Nordwand im Alleingang, Erstbesteigungen im VII. und VIII. Schwierigkeitsgrad am Aggenstein und Gimpel, die Ortler-Nordwand in eindreiviertel Stunden. Seine Spezialität war der „Tannheimer Express": An Hochwieseler, Rote Flüh und Gimpel 15 Klettertouren hintereinander in 4.40 Stunden. Im Himalaja bestieg er 1980 alleine die ersten 5000er und 6000er. 1981 im Alleingang den 7120 Meter hohen Trisul über die 3000 Meter hohe Westflanke. 1986 war er bei der K2-Expedition dabei und bestieg den Broad Peak, seinen ersten 8000er.

Peter Geg, *geboren am 18. September 1962 in Oberstdorf. Nach einer Lehre im Elektro-Handwerk kam Geg zur Bundeswehr, in die Sportschule nach Sonthofen. Studierte danach Elektro-Technik in Kempten. Weil der Vater eine Bergausrüstung im Keller hatte, spielten die Buben zunächst im Wald noch „Abseilen". Das Spiel entwickelte sich zu anspruchsvoller Kletterei. Er half bei der Alpinschule Oberstdorf als Bergführer aus, bestand 1984 die Prüfung. Seit 1986 ist er Gleitschirmflieger, schließlich auch Gleitsegellehrer und Werkspilot. 1988 startete er in der Deutschen Nationalmannschaft. In seinem Tourenbuch stehen die Eiger-Nordwand, Civetta Philip Flamm, Gogna und Schwalbenschwanz an der Marmolata, der Alpsteinhammer im Schwierigkeitsgrad VIII+, die Capucin-Ostwand sowie zahlreiche Viertausender im Wallis und Mont-Blanc-Gebiet. Skitouren führten ihn vom Allgäu bis zum Mont Blanc. Geg war bei der Brenta Rallye dabei und der „Raid Blanc", einem mehrtägigem Skitouren-Wettlauf durch die französischen Alpen.*

Anderl Heckmair, *geboren am 12. Oktober 1906 in München. In seinem erlernten Beruf als Gartenbau-Techniker war er nur kurze Zeit tätig. Als damaliger Arbeitsloser gehörte er zu einer Gruppe von Bergvagabunden, die sich ihren Lebensunterhalt durch Gelegenheitsarbeiten verdienten, die meiste Zeit aber mit Bergtouren verbrachten. In den 30er Jahren gelangen ihm die schwierigsten Wände in den Ost- und Westalpen. 1933 erhielt Heckmair seine Legitimation als Bergführer. Erregte 1938 weltweit Aufsehen, als ihm als Seilersten mit Vörg, Harrer und Kasparek die erste Durchsteigung der Eiger-Nordwand gelang. Weltweit war Heckmair in seiner Eigenschaft als Bergführer auf Expeditionen und Treckingstouren unterwegs. 1938 kam er nach Oberstdorf, ist dort ab 1945 als Berg- und Skiführer tätig. Er war langjähriger Bergführer-Ausbilder und alpiner Wanderberater und Bergführer im Bayerischen Jugendherbergswerk. Auf seine Initiative ist die Gründung des Berufsverbandes der „Deutschen Berg- und Skiführer" zurückzuführen, dessen Ehrenvorsitzender Heckmair seit vielen Jahren ist. Er verfaßte einige bemerkenswerte Bücher.*

Albert Kleemaier, *geboren am 4. Februar 1928 in Kempten. Sein erlernter Beruf ist Maschinenschlosser. Die letzten 20 Jahre freilich arbeitete er als EDV-Operator. Schon im Alter von 13 Jahren unternahm Kleemaier erste Bergtouren. Mit 18 Jahren kletterte er bereits in den oberen Schwierigkeitsgraden. Nach dem Krieg 1946 trat Kleemaier in Kempten der Bergwacht bei. Von 1958 bis 1963 war er als Lehrer tätig an der Kurzschule in Baad (Kleinwalsertal). 1962 Prüfung als Berg- und Skiführer. 1963 folgte die Prüfung als staatlich geprüfter Skilehrer. Wer ihn nach seinen Touren fragt in den vielen Jahren seiner Bergführer-Tätigkeit, erhält als Antwort: Ziemlich viele in verschiedenen Gebieten der Alpen.*

Luggi Lacher, *geboren am 19. Mai 1957 in Oberstdorf-Tiefenberg. Als Fernmeldemonteur wollte ihn seine Firma aus dem Allgäu nach Frankfurt versetzen. Deshalb zog es Lacher vor, nach seiner Bundeswehrzeit an der Sportschule in Sonthofen, das Hobby zum Beruf zu machen. Von 1977 bis 80 arbeitete er zusammen mit Udo Zehetleitner und anderen in einem privaten Rettungsdienst am Fellhorn. 1980 legte Lacher die Prüfung als Berg- und Skiführer ab. Im Winter ist Lacher als Einsatzleiter der Oberstdorfer Bergwacht im Dienst der Skiwacht am Fellhorn tätig. Seit 1985 führt er als Wirt die Fiderepaßhütte (2078 m). Im Frühjahr und Herbst bleibt ihm Zeit für Führungen. Schon im Alter von 17 Jahren hatte er die Zinne-Nordwand durchstiegen und den Eisenstecken im Rosengarten. Inzwischen macht Lacher am liebsten Felstouren im Wallis und im Mont-Blanc-Gebiet.*

Richard Müller, *geboren am 15. März 1942 in Oberstdorf. Lernte nach der Schule das Schreiner-Handwerk. Skifahren und Bergsteigen waren schon von Kindesbeinen an sein Hobby. Mit 16 Jahren trat er dem Alpenverein und dem Ski-Club bei. Dort bekam er „Kontakt mit den schärferen Touren". Seine Bundeswehrzeit absolvierte Müller beim Hochgebirgszug in Mittenwald. 1967 autorisierter Berg- und Skiführer. Fünf Winter verbrachte der Oberstdorfer als Skilehrer in den USA. Während des Sommers war er beim Aufbau der Bergschule Oberallgäu beteiligt. 1975 arbeitete Müller als Bergführer in Chamonix. In den folgenden beiden Wintern pflegte er als Skilehrer Kontakte zur Oberstdorfer Partnergemeinde Mégève. 1977 kam Richard Müller durch die Vermittlung von Anderl Heckmaier zur Kurzschule nach Baad ins Kleinwalsertal. Für den DAV-Summitclub führte er Trekking-Touren. 1979 war er an einer Expedition ins Fan-Gebirge (Pamir-Alai) in der UDSSR beteiligt. Richard Müller ist 3. Vorsitzender des Deutschen Bergführer-Verbandes und Sprecher der Allgäuer Bergführer.*

Hartmut Münchenbach, *geboren am 16. Juni 1954 in Friesenhofen, aufgewachsen in Pfronten und Kempten. Schon während seines Studiums für das Lehramt in den Fächern Biologie und Chemie begann er mit dem Klettern. Seit 1976 ist Münchenbach Hochtourenführer des Alpenvereins, seit 1978 staatlich geprüfter Berg- und Skiführer. Während der Semesterferien arbeitete der Wahl-Pfrontener beim DAV. Seit 1980 hauptberuflich. 1987 Beauftragter des DAV für das Sportklettern. Unternahm 1978 die erste Expedition nach Peru. Ab 1982 war er regelmäßig auf Auslandsbergfahrt. Nahm an der Herrlingkoffer-Expedition zum Nanga Parbat teil. Über den Südost-Pfeiler an der Rupal-Flanke gelangte er auf der bis dahin unbestiegenen Route bis kurz unter den Gipfel. Darauf folgten die Big Walls im Yosemite, Eisklettern in Schottland, der Cerro Torre in Argentienien, 1986 der Große Trango im Karakorum mit Erstbesteigungsversuchen am Ostpfeiler. 1988 leitete Münchenbach für den DAV die Expedition „Trango Power". An diesen gigantischen Wänden waren einige der weltbesten Sportkletterer dabei.*

Hermann Reisach, *geboren am 22. März 1948 in Kaufbeuren. Auf einem Bauernhof aufgewachsen, studierte Reisach Landbau, später Geographie. Schon im Alter von vier Jahren lernte er Skifahren, fuhr während der Schulzeit Rennen in allen Disziplinen. Über Ski- und Gletschertouren mit der Alpenvereins-Jugend kam Reisach zum Bergsteigen. Mit 16 Jahren machte er an der überhängenden Wand am Falkenstein eine Erstbegehung. Zum Training daheim nagelte er Klötzchen an eine Bretterwand – als „Vorläufer" moderner Kletterwände. In den Tannheimer Bergen gelangen ihm Erstbegehungen, 1969 Südostwand Hochwieseler und Zentralpfeiler Rote Flüh, 1972 Verschneidung Roter Stein. Große Felstouren folgten: Die Erstbegehung der Crepa Soccorda – Südverschneidung im Rosengarten, an der Freispitze-Südwand die Erstbegehung „Kronjuwel". Seit zehn Jahren ist er spezialisiert auf Skitouren und Skidurchquerungen. Die Alpenüberquerung Oberstdorf-Trient fand weithin Beachtung.*
Neuerdings widmet er sich auch dem Eisklettern. Seit 1987 ist Reisach geprüfter Berg- und Skiführer.

Kaspar Schwarz, *geboren am 30. Oktober 1909 in Oberstdorf. Seine ersten Schritte machte er am Berg. Zusammen mit elf Geschwistern wuchs Schwarz in der Alpwirtschaft auf. Im Sommer ging er den Eltern als Hirt zur Hand. Später verdingte er sich im Winter als Berufsskilehrer. Seit 1934 ist Schwarz auch Berg- und Skiführer. In seinem Tourenbuch standen zu dieser Zeit schon die schwierigsten Klettereien in den Allgäuer Alpen. Unter anderem schaffte er zusammen mit Toni Stolze die Erstbegehung der Höfats-Nordwand. Nach dem Krieg übernahm er mit seiner Frau Steffi das Haus Hochleiten bei Oberstdorf. 1954 wurde er Hüttenwirt auf dem Waltenberger Haus (2083) am Heilbronner Weg. Als er 1973 zur Fiderepaß-Hütte wechselte, hatte er schon rund 500 mal die Trettachspitze bestiegen. Drei Jahre lang blieb Schwarz auf der Fiderepaß-Hütte.*

Martin Schwiersch, *geboren am 17. Juli 1959 in Pfronten. Nach dem Abitur in Füssen Studium in Freiburg mit dem Abschluß als Diplom-Psychologe. Zwischendurch Zivildienst und seit 1986 Berg- und Skiführer. Als Psychologe ist er seitdem auch als Lehrer bei der Bergführer-Ausbildung engagiert. Weil seine Eltern schon geklettert sind, machte Martin bereits als Zwölfjähriger erste Touren. Der kindliche Bewegungsdrang wurde durch die Alpenvereins-Jugend in „geordnete Bahnen" gelenkt. Dabei schloß er Freundschaft mit Toni Freudig. Die beiden Pfrontener waren lange Zeit ein Team. Dann machte Schwiersch eine Pause. Erst als Anfang 1980 das Sportklettern aufkam, packte den inzwischen 22jährigen erneut die Leidenschaft. Als passionierter Sportkletterer nahm Schwiersch 1988 an der Alpenvereins-Expedition zu den Trango-Türmen in Pakistan teil. Bei dieser Expedition unter der Leitung des Sportkletter-Beauftragten beim DAV, Münchenbach, gelang ihm die Besteigung des 6257 Meter hohen Nameless Tower über die knapp 1000 Meter hohe Südost-Wand mit Schwierigkeiten im VIII. Grad.*

Peter Vogler, *geboren am 24. April 1948 in Durach (Oberallgäu). Von Beruf Fliesenleger. Seit 1974 ist Vogler Bergführer und Skiführer. Er ist Mitglied im Lehrteam bei der Bergführer-Ausbildung. Seit 1984 selbständiger Vertreter für Bergsport-Artikel. Schon während der Schulzeit unternahm Vogler Bergwanderungen, später Klettertouren. Im Alter von 18 Jahren schaffte er die Nordwände in den Zinnen, mit 21 Jahren die Eiger-Nordwand. 1970 war der Duracher Mitglied einer Nanga-Parbat-Expedition, an der unter anderem auch Reinhold Messner teilnahm. 1972 gelang Vogler die Erstbesteigung des 6400 Meter hohen Cho Butse im Himalaja. 1974, nach der Bergführer-Prüfung, stand Vogler zum ersten Mal auf einem 8000er, dem genau 8438 Meter hohen Kantsch. Zwei Jahre später folgten weitere 8000er Expeditionen zum Lotse und Mount Everest. 1982 war Vogler am Hidden Peak im Karakorum. Nebenzu spielte der Berg-Profi Rollen in Gerhard Baurs Dokumentarfilmen wie zum Beispiel in „Der Weg ist das Ziel".*

Martin Weixler, *geboren am 22. Juli 1924 in Kempten. Nach einer Berufsausbildung als Mechaniker begann er ein Studium und schloß als Ingenieur ab. Sein großes Hobby war bis zum Krieg das Segelfliegen. Nach 1945 war dies eine Zeitlang verboten. Deshalb suchte Weixler andere Wege nach oben. Er stieg zu Fuß in die Höhe. Gleich 1945 unternahm der Kemptener erste Bergtouren. 1949 trat Weixler in die Allgäuer Bergwacht ein. Von 1955 bis 1964 war er Lehrer an der Kurzschule in Baad (Kleinwalsertal). 1972 begann Weixler als staatlich geprüfter Berg- und Skiführer. Seit 1968 ist er tätig als Führer beim Fahrtendienst und bei der Berg- und Skischule des Deutschen Alpenvereins. Vornehmlich geht Weixler jetzt mit Seniorengruppen auf leichte Viertausender. Die meisten Touren machte der Kemptener in den Allgäuer Alpen und in den Westalpen. Seine Vorliebe gilt den Gletschern.*

Udo Zehetleitner, *geboren am 18. April 1939 in Sonthofen. Nach der Schule in Burgberg erlernte er ein Handwerk. Auf Empfehlung von Heckmair ging er 1960 als Lehrer zur Kurzschule nach Baad. In dieser Schule der „Deutschen Gesellschaft für europäische Erziehung" sollen junge Leute durch die Konfrontation mit außergewöhnlichen Situationen fit gemacht werden für selbständige, große Fahrten. Seine Eigung dafür erwarb er sich früh. Mit sechs Jahren ging er mit dem Vater aufs Nebelhorn. Mit 15 kletterte er schon am Gimpel. 1958 durchstieg er die Große Zinnen-Nordwand und die Padile Nordostwand. Im Wilden Kaiser folgten schwierige Touren, die Fleischbank-Wände. Seit 1962 Berg- und Skiführer. 1976 brach Udo zur ersten von 13 Expeditionen auf. Der 7300 m hohe Dhaulagiri, Schwierigkeitsgrad VII., war das Ziel. 1983 Erstbesteigung des 7580 m hohen Changtse. 1985 war er mit Dacher und Habeler am Nanga Parbat. Viermal bestieg er den Mount McKinley. Die vorerst letzte Expedition führte ihn 1988 zum Aconcagua. Seit 1974 leitet er die Bergschule Oberallgäu in Oberstdorf.*

Wir danken...

...Herrn Anderl Heckmair, dem Ehrenvorsitzenden des Verbandes Deutscher Berg- und Skiführer für das Vorwort...

...Herrn Dr. Fritz März dem ersten Vorsitzenden des Deutschen Alpenvereins für seinen Beitrag...

...herzlichst.

In unserem Verlag sind erschienen:

„Rund ums Nebelhorn"
Ein Bildband.
Die Bergwelt zwischen Oberstdorf und Hinterstein von Franz Hieble.

„Wahre G'schichterl"
Von Anderl Heckmair
Geschichten, die der Erstbesteiger der Eiger-Nordwand erlebt hat.

„Das Wilde Männle"
Ein Märchen aus den Allgäuer Bergen. Von dem Malerpoeten Michael Schirmer.

„Berg-Bildführer"
von den Touren:

Hindelanger Klettersteig.
Mindelheimer Klettersteig.
Heilbronner Weg.
Nebelhorn-Laufbacher Eck und Gleitweg.
Walmendinger Horn – Grünhorn – Güntlespitze.

Diese informativen Karten wurden in Zusammenarbeit mit der Oberstdorfer Bergwacht entwickelt.